创业法律 900 问

魏建平　著

上海交通大学出版社
SHANGHAI JIAO TONG UNIVERSITY PRESS

内容提要

　　作者以问答形式向在市场中拼搏的创业者介绍了我国公司法、合伙企业法、合同法、票据法、外资企业法、知识产权法等基本知识,为规避市场风险,维护自身合法权益提供法律武器。本书适合创业者阅读。

图书在版编目(CIP)数据

创业法律 900 问 / 魏建平著.—上海:上海交通大学出版社,2017
ISBN 978 - 7 - 313 - 17855 - 8

Ⅰ.①创…　Ⅱ.①魏…　Ⅲ.①企业法—中国—问题解答　Ⅳ.①D922.291.915

中国版本图书馆 CIP 数据核字(2017)第 185719 号

创业法律 900 问

著　　者:魏建平
出版发行:上海交通大学出版社　　　　　地　　址:上海市番禺路 951 号
邮政编码:200030　　　　　　　　　　　电　　话:021 - 64071208
出 版 人:郑益慧
印　　制:上海春秋印刷厂　　　　　　　经　　销:全国新华书店
开　　本:710 mm×1000 mm　1/16　　　印　　张:16.75
字　　数:324 千字
版　　次:2017 年 8 月第 1 版　　　　　印　　次:2017 年 8 月第 1 次印刷
书　　号:ISBN 978 - 7 - 313 - 17855 - 8/ D
定　　价:68.00 元

版权所有　侵权必究
告读者:如发现本书有印装质量问题请与印刷厂质量科联系
联系电话:021 - 33854186

前　言

　　创业,是近几年非常热门的一个词,而随着大量的创业者的出现,伴随创业的一个个或成功或失败的故事陆续上演,有些已经成为系列剧、连续剧。

　　万事开头难,创业则更是一个开头难上加难的行动。

　　作为一名在法律行业浸淫多年,为数十成百的企业提供法律服务的执业律师,更是亲眼见证了一些创业企业的设立、成长、发展、成熟、成功,也亲眼目睹了另一些创业企业从初创到高速成长乃至没落的过程。

　　回头看看,法律的保驾护航,执业律师的一些建议,有时可能趋于保守、趋于理性、趋于前瞻,但又不可忽视。

　　而在企业发展过程中,到底是风险防范第一,还是发展第一? 到底是规范至上,还是业务至上? 到底是守住法律底线,还是追求利益上线? 有时其实很难判断。

　　成功了,回头看,可能有惊无险,什么可能都不是问题,都是成功的经验。而一旦失败,则总结起来,过程中的每一个小细节的疏忽,每一个环节的不规范,所埋下的点滴隐患,终究成为创业者一心缔造的理想王国、企业大厦基业溃败的因素,甚至是关键因素。千里之堤,溃于蚁穴的警言,让我们牢记前人总结的亘古不变的真理。

　　多次萌生一个念头,作为一个多年从事法律行业的工作者,是否可以通过一种方式,更多地帮助创业者,为创业者更好地保驾护航,更有力地助力创业者走向成功。如今最终找到了一个方式:创作这样一本著作。内容则是更加直接,更加明了,让创业者在有限的时间内,直接由问题找到答案,提高效率,提供行动的方案,而付出的无论是时间成本还是货币成本,都将是低廉的,也将较好地迎合创业者、创业型企业发展初期尽量节省成本,轻装上阵的思路。

　　作为本书作者,创立过企业,经营过企业,更是在 7 年前再次创业设立律师事务所。不但外观,而且置身其中,对创业有了比感同身受更真实而又具体的认识和体验。

　　如今我的创业和事业已经经营到第七个年头,这也算在经历一个企业从设立到发展的过程,更是体味创业、体会创业者的真实体验,也让我知道创业的不易,成功的创业更不易,持续成功的创业更是不易之上的不易。

　　我们敬佩每个创业者,无论成功与否。我们更是对持续坚持在创业路上的人们,备加敬仰,因为这是每一个行业新的未来,是我们社会的未来,更是我们国家的未来。

　　创业在路上,成功也许只有部分,或者极少数。但,没有创业,则少了未来,缺了活力。

　　为此,我愿用法律的力量,倾全力为创业行为、为创业者撑起一把伞。

　　但愿,本书,能成为创业者创业路上的一把遮风挡雨的伞。

　　衷心祝愿创业者成功!

魏建平

2017 年 6 月于上海

目　录

一、问　概　念

二、问 公 司

三、问 合 伙

四、问 合 资

五、问 合 作

六、问 外 资

七、问 自 贸

八、问 合 同

九、问 担 保

十、问 票 据

十一、问 用 工

十二、问知识产权

十三、问 破 产

一、问概念

1. 何谓创业?

创业是创业者充分发挥其对资源进行整合和优化的能力,从而创造出更大经济或社会价值、实现自我的过程。

创业是劳动方式的一种,是一种需要创业者自我雇佣,并运营、组织、运用服务、技术、器物作业的思考、推理和判断的系列行为。

创业是一个商业行为,致力于创造新事物(新产品、新市场、新生产过程或原材料、组织现有技术的新方法)的机会,是一个人或几个人发现一个商机并以实际行动转化为具体的社会形态,获得利益,实现价值的过程。

2. 何谓企业?

企业指以营利为目的,运用土地、劳动力、资本、技术和企业家才能等生产要素,向市场提供商品或服务,实行自主经营、自负盈亏、独立核算的法人或其他社会经济组织。

3. 何谓事业单位?

事业单位,是指由政府利用国有资产设立的,从事教育、科技、文化、卫生等活动的社会服务组织。

事业单位接受政府领导,其表现形式为组织或机构的法人实体。

4. 何谓公司?

公司是以营利为目的的企业法人。

凡公司均为企业,但企业未必都是公司。公司只是企业组织形态的一种。

5. 何谓有限责任公司?

有限责任公司,简称有限公司,是指依法登记注册,由 50 个以下的股东出资设立,每个股东以其所认缴的出资额对公司承担有限责任,公司法人以其全部资产对公司债务承担全部责任的经济组织。

在我国,有限责任公司包括国有独资公司以及其他有限责任公司。

《公司法》所称的有限责任公司,是指在中国境内设立的,股东以其认缴的出资额为限对公司承担责任的公司组织。

6. 何谓无限公司？

无限公司，又称无限责任公司，由两个以上股东组成，股东对公司债务负连带无限责任的公司形式。

股东对公司债务负无限连带责任，即股东必须以出资财产和出资财产以外的其他财产作为清偿公司债务的保证，公司的全部财产不足以清偿公司债务时，债权人有权就其未受偿部分要求公司股东以其个人财产清偿；而且股东间的责任是连带的，即偿还公司债务超过自己应承担数额的股东，有权向本公司的其他股东追偿，这样，这部分股东就成为新的债权人。

在我国不允许设立无限公司。

7. 何谓两合公司？

两合公司，是以共同商号进行商业活动的公司，其股东的一人或数人以其一定的出资财产数额而对公司的债务负责任（有限责任股东），其他股东负无限责任。无限股东是法律上的经理，但并不排除有限股东按合同参与领导公司，与只有资本出资的有限股东相比，无限股东有权获得更多的利润分成。

在我国不允许设立两合公司。

8. 何谓一人公司？

一人有限责任公司，也称一人公司，是指只有一个自然人股东或者一个法人股东的有限责任公司。

我国允许设立一人有限公司。

9. 何谓股份有限公司？

股份有限公司，又称股份公司，是指有 2 人以上 200 以下为发起人、资本划分为股份、注册资本的最低限额为人民币 500 万元所组成的公司，股东以其认购的股份为限对公司承担责任的企业法人。

由于所有股份公司均须是负担有限责任的有限公司（但并非所有有限公司都是股份公司），所以一般合称"股份有限公司"。

10. 何谓上市公司？

上市公司，是指其股票在证券交易所上市交易的股份有限公司。

11. 何谓国有独资公司？

国有独资公司，是指由国家单独出资，由国务院或者地方人民政府授权本级人民政府国有资产监督管理机构履行出资人职责的有限责任公司。

12. 何谓外国公司？

外国公司是指依照外国法律在中国境外设立的公司。

13. 何谓累积投票制？

累积投票制，是指股份有限公司股东大会选举董事或者监事时，每一股份拥有与应选董事或者监事人数相同的表决权，股东拥有的表决权可以集中使用。

14. 何谓公司高级管理人员（高管）？

公司高级管理人员，是指公司的(总)经理、副(总)经理、财务负责人，上市公司董事会秘书和公司章程规定的其他人员。

15. 何谓公司控股股东？

公司控股股东，是指其出资额占有限责任公司资本总额 50% 以上或者其持有的股份占股份有限公司股本总额 50% 以上的股东；出资额或者持有股份的比例虽然不足 50%，但依其出资额或者持有的股份所享有的表决权已足以对股东会、股东大会的决议产生重大影响的股东。

16. 何谓公司实际控制人？

公司实际控制人，是指虽不是公司的股东，但通过投资关系、协议或者其他安排，能够实际支配公司行为的人。

17. 何谓公司关联关系？

公司关联关系，是指公司控股股东、实际控制人、董事、监事、高级管理人员与其直接或者间接控制的企业之间的关系，以及可能导致公司利益转移的其他关系。

18. 何谓发起人？

公司的发起人，指为设立公司而签署公司章程、向公司认购出资或者股份并履行公司设立职责的人，包括有限责任公司设立时的股东。

19. 何谓公司债券？

公司债券，是指公司依照法定程序发行，约定在一定期限还本付息的有价证券。

20. 何谓合伙企业?

合伙企业,是指自然人、法人和其他组织依法在中国境内设立的普通合伙企业和有限合伙企业。

21. 何谓普通合伙企业?

普通合伙企业由普通合伙人组成,合伙人对合伙企业债务承担无限连带责任。

22. 何谓有限合伙企业?

有限合伙企业指由普通合伙人和有限合伙人组成,普通合伙人对合伙企业债务承担无限连带责任,有限合伙人以其认缴的出资额为限对合伙企业债务承担责任的合伙企业。

23. 何谓特殊的普通合伙企业?

特殊的普通合伙企业是指合伙人依照《合伙企业法》规定,由一个合伙人或者数个合伙人在执业活动中因故意或者重大过失造成合伙企业债务的,应当承担无限责任或者无限连带责任,其他合伙人以其在合伙企业中的财产份额为限承担责任,合伙人在执业活动中非因故意或者重大过失造成的合伙企业债务以及合伙企业的其他债务,由全体合伙人承担无限连带责任的普通合伙企业。

24. 何谓中外合资经营企业?

中外合资经营企业是指由中外各方合营者依法共同协商一致订立合资经营合同、共同制定公司章程、共同投资、共同组成董事会、共同经营、共担风险、共负盈亏的企业。

25. 何谓中外合作经营企业?

中外合作经营企业是指依法在中国境内设立的、由中外各方共同投资、以合同约定方式合作经营的公司。

26. 何谓外资企业?

外资企业是指依照中国有关法律在中国境内设立的全部资本由外国投资者投资的企业,不包括外国的企业和其他经济组织在中国境内的分支机构。

27. 何谓国有企业?

国有企业,在国际惯例中仅指一个国家的中央政府或联邦政府投资或参与控制的企业。

在中国,国有企业还包括由地方政府投资参与控制的企业。

国有企业作为一种生产经营组织形式同时具有营利法人和公益法人的特点。营利性体现为追求国有资产的保值和增值;公益性体现为国有企业的设立通常是为了向社会提供公共产品,起着促进社会和谐和国民经济发展的作用。

28. 何谓个体工商户?

个体工商户是指有经营能力并经工商行政管理部门登记,从事工商业经营的公民。

在依法核准登记的范围内,个体工商户享有从事个体工商业经营的民事权利能力和民事行为能力。

个体工商户的正当经营活动受法律保护,对其经营的资产和合法收益,个体工商户享有所有权。

个体工商户可依法起字号、刻印章,在银行开设账户,向银行申请贷款,有权申请商标,雇佣劳动者,签订劳动合同等。

个体工商户从事生产经营活动应遵守国家的法律,照章纳税,服从工商行政管理。个体工商户从事违法经营的,必须承担民事责任和其他法律责任。

个体工商户的债务,个人经营的,以个人财产承担;家庭经营的,以家庭财产承担。

29. 何谓外商投资企业?

外商投资企业指外国企业、外国经济组织、外国个人在中国境内依法投资举办的能够独立承担民事责任、具有中国企业法人资格的经济实体。

外商投资企业根据投资、分配、风险、回收投资、承担责任、清算方式的不同又分为中外合资经营企业、中外合作经营企业、外资企业(也称外商独资经营企业)和外商投资股份有限公司。

30. 何谓自贸区?

自贸区,又称自由贸易园区,广义是指在贸易和投资等方面比世贸组织有关规定更加优惠的贸易安排,在主权国家或地区内,划出特定的区域,准许外国商品豁免关税自由进出。实质上是采取自由港政策的关税隔离区。狭义仅指提供区内加工出口所需原料等货物的进口豁免关税的地区,类似出口加工区。广义还包括自由港和转口贸易区。

31. 何谓法人?

法人是指具有民事权利能力和民事行为能力,依法独立享有民事权利和承担民事义务的组织。

32. 何谓法定代表人?

法定代表人是指依依法律或法人章程规定,代表法人行使民事权利,履行民事义务的负责人(如工厂的厂长、公司的董事长等)。

33. 何谓注册资本?

注册资本也叫法定资本,是公司制企业章程规定并在公司登记机关依法登记的全体股东或发起人认缴的出资额或认购的股本总额。

34. 何谓"双创"?

双创,即"大众创业、万众创新"。国务院总理李克强于 2014 年 9 月在夏季达沃斯论坛上公开发出"大众创业、万众创新"的号召,"双创"一词由此开始走红。

35. 何谓票据?

票据是指出票人依法签发的由自己或指示他人无条件支付一定金额给收款人或持票人的有价证券,即某些可以代替现金流通的有价证券。

广义的票据泛指各种有价证券和凭证,如债券、股票、提单、国库券、发票等。狭义的票据仅指以支付金钱为目的的有价证券,即出票人根据票据法签发的,由自己无条件支付确定金额或委托他人无条件支付确定金额给收款人或持票人的有价证券。在我国,票据即汇票(银行汇票和商业汇票)、支票及本票(银行本票)的统称。

36. 何谓基本账户?

基本存款账户是办理转账结算和现金收付的主办账户,经营活动的日常资金收付以及工资、奖金和现金的支取均可通过该账户办理。

存款人只能在银行开立一个基本存款账户。

开立基本存款账户是开立其他银行结算账户的前提。

按人民币银行结算账户管理办法规定,一家单位只能选择一家银行申请开立一个基本存款账户。

37. 何谓结算账户?

结算账户是用以核算和监督本会计主体同其他单位或个人之间发生的债权、债务结算情况的账户,用来反映和监督企业与其他单位或个人之间的债权债务的结算情况。

结算账户中有的属债权结算账户,如"应收账款""应收票据""其他应收款"

等账户;有的属债务结算账户,如"应付账款""应付票据""其他应付款""应付工资"等账户;有的属债权债务结算账户,如"其他往来"账户等。

结算账户按发生结算业务的对应单位或个人设明细分类账户,以便及时进行结算和核对账目。

由于结算业务的性质不同,因而结算账户又具有不同的用途和结构。

结算账户的适用对象为中国境内需要开立银行结算账户的机关、团体、部队、企业、事业单位和其他组织(统称单位)以及个体工商户。

38. 何谓担保?

担保,是指在借贷、买卖、货物运输、加工承揽等经济活动中,债权人为保障其债权实现,要求债务人向债权人提供的保障。

担保方式为保证、抵押、质押、留置和定金五种。

39. 何谓不动产? 何谓动产?

不动产是指土地以及房屋、林木等地上定着物。

动产是指不动产以外的物。

40. 何谓合同?

合同,又称为契约、协议,是平等主体的自然人、法人、其他组织之间设立、变更、终止民事权利义务关系的协议。

41. 何谓要约?

要约是希望与他人订立合同的意思表示,该意思表示应当符合下列规定:

(1) 内容具体确定;

(2) 表明经受要约人承诺,要约人即受该意思表示约束。

42. 何谓要约邀请?

要约邀请是希望他人向自己发出要约的意思表示。寄送的价目表、拍卖公告、招标公告、招股说明书、商业广告等为要约邀请。

商业广告的内容符合要约规定的,视为要约。

43. 何谓承诺?

承诺是受要约人同意要约的意思表示。

44. 何谓格式条款?

格式条款是当事人为了重复使用而预先拟定,并在订立合同时未与对方协商的条款。

45. 何谓不可抗力?

不可抗力,是指不能预见、不能避免并不能克服的客观情况。

46. 何谓买卖合同?

买卖合同是出卖人转移标的物的所有权于买受人,买受人支付价款的合同。

47. 何谓主板?

主板,也称为主板市场、一板市场,指传统意义上的证券市场,是一个国家或地区证券发行、上市及交易的主要场所。

主板市场对发行人的营业期限、股本大小、盈利水平、最低市值等方面的要求标准较高,上市企业多为大型成熟企业,具有较大的资本规模以及稳定的盈利能力。

中国主板市场的公司在上交所和深交所两个市场上市,目前主要为上交所上市。

主板市场是资本市场中最重要的组成部分,很大程度上能够反映经济发展状况,有"国民经济晴雨表"之称。

48. 何谓创业板市场?

创业板市场,是指专门协助高成长的新兴创新公司特别是高科技公司筹资并进行资本运作的市场,也称为二板市场、另类股票市场、增长型股票市场等。

创业板市场是一个高风险的市场,因此更加注重公司的信息披露。

我国深交所的创业板被称为二板市场,上市公司大多从事高科技业务,企业处于创业期,往往成立时间较短,规模较小,业绩也不突出。

它与大型成熟上市公司的主板市场不同,是一个前瞻性市场,注重公司的发展前景与增长潜力,上市标准要低于成熟的主板市场。

49. 何谓新三板市场?

新三板市场特指中关村科技园区非上市股份有限公司进入代办股份系统。因为挂牌企业均为高科技企业而不同于原转让系统内的退市企业及原 STAQ、NET 系统挂牌公司,故形象地称为"新三板"。

新三板与老三板最大的不同是配对成交,现在设置 30% 幅度,超过此幅度要公开买卖双方信息。

50. 何谓 Q 板?

Q 板是中小企业股权报价系统的别称,取自 Quotation(报价)的首字母"Q"。

Q 板,是上海股交中心其中的一个板块,属于场外市场,又称为 OTCBB 粉单市场,挂牌门槛很低,可以对企业起到提升企业形象和品牌宣传,规范企业治理的作用,必要时还能融资。

51. 何谓 E 板?

上股交 E 板是非上市股份有限公司股份转让系统的别称,取自 Exchange (转让)的首字母"E"。

E 板的门槛要比 Q 板更高一些,其主要作用还是帮助中小企业融资。

52. 何谓 N 板?

N 板,即科创板,俗称"四新板",是专为科技型和创新型中小企业服务的板块,是上海建设多层次资本市场和支持创新型科技型企业的产物之一。

科技型企业包括国家级高新技术企业、省级高新技术企业、小巨人企业,或经过政府权威认证的科技型企业等。

创新型企业包括上海发展的四新经济(新技术、新产业、新业态、新模式)概念中确立的三类"抓手型行业"。

53. 何谓知识产权?

知识产权,是指人们就其智力劳动成果所依法享有的专有权利,知识产权属于民事权利,是基于创造性智力成果和工商业标记依法产生的权利的统称。通常国家会赋予创造者对其智力成果在一定时期内享有的专有权或独占权。

知识产权从本质上说是一种无形财产权,他的客体是智力成果或是知识产品,是一种无形财产或者一种没有形体的精神财富,是创造性的智力劳动所创造的劳动成果。它与房屋、汽车等有形财产一样,都受到国家法律的保护,都具有价值和使用价值。有些重大专利、驰名商标或作品的价值也远远高于房屋、汽车等有形财产。

54. 何谓商标?

商标是商品的生产者、经营者在其生产、制造、加工、拣选或者经销的商品上或者服务的提供者在其提供的服务上采用的,用于区别商品或服务来源的,由文字、图形、字母、数字、三维标志、声音、颜色组合,或上述要素的组合,具有显著特征的标志。

商标权,即商标注册人或权利继受人在法定期限内对注册商标依法享有的各种权利。

55. 何谓专利?

专利,一项发明创造的首创者所拥有的受保护的独享权益。

专利权,即自然人、法人或其他组织依法对发明、实用新型和外观设计在一定期限内享有的独占实施权。

56. 何谓著作?

著作,是指创造性的文章、著述。

前人没有阐发过或没有记载过的,第一次出现的文章或书籍,才能称为著作。因为它是针对某专一题材的,所以也叫做专著。

57. 何谓专有技术?

专有技术,也称"技术秘密""技术诀窍",系指生产某项产品的专门知识、操作经验和技术的总和,也就是先进、实用但未申请专利的技术秘密,包括设计图纸、配方、数据公式,以及技术人员的经验和知识等。

58. 何谓商业秘密?

商业秘密,是指不为公众所知悉、能为权利人带来经济利益,具有实用性并经权利人采取保密措施的技术信息和经营信息。

商业秘密是企业的财产权利,它关乎企业的竞争力,对企业的发展至关重要,有的甚至直接影响到企业的生存。

商业秘密通常包括两部分内容:经营信息和技术信息。经营信息如管理方法,产销策略,客户名单、货源情报等;技术信息如生产配方、工艺流程、技术诀窍、设计图纸等。

商业秘密权,即民事主体对属于商业秘密的技术信息或经营信息依法享有的专有权利。

59. 何谓不正当竞争?

不正当竞争,是指经营者以及其他有关市场参与者采取违反公平、诚实信用等公认的商业道德的手段去争取交易机会或者破坏他人的竞争优势,损害消费者和其他经营者的合法权益,扰乱社会经济秩序的行为。

我国《反不正当竞争法》所指的不正当竞争,是指经营者违反该法规定,损害其他经营者的合法权益,扰乱社会经济秩序的行为。

60. 公司与企业有何异同?

公司按股东对公司债权人所负的责任分为无限公司、有限公司、两合公司、

股份公司等。《公司法》规定,我国公司是指依照该法在中国境内设立的有限责任公司和股份有限公司。公司的具体特征有:

(1)必须依法设立。即按照《公司法》所规定的条件、方式和程序设立。

(2)以营利为目的。《公司法》规定,公司"以提高经济效益、劳动生产率和实现资产保值增值为目的"。这是公司区别于其他法人组织的一个显著特征。

(3)必须具备法人资格。《公司法》规定,有限责任公司和股份有限公司是企业法人。说明公司属于企业范畴。

按照企业财产组织方式的不同,企业在法律上又可以分为三种类型:

第一种是独资企业,即由单个主体出资兴办、经营、管理、收益和承担风险的企业;

第二种是合伙企业,即由两个或者两个以上的出资人共同出资兴办、经营、管理、收益和承担风险的企业;

第三种是公司企业,即依照《公司法》设立的企业。

由上可以看出,公司是企业的一种形式,它也属于企业的范畴。而企业不一定是公司,企业是一个大概念,除了公司外,还包含独资企业和合伙企业等。

61. 中外合资经营企业、中外合作企业经营和外资企业有哪些异同?

无论是中外合资经营企业、中外合作经营企业,还是外资企业,它们共同的基本法律特征是:

(1)均为依照中国法律程序设立的企业;

(2)均为中国企业法人;

(3)均为能够独立承担民事责任的经济实体;

(4)设立企业的资金中均有外国资金。

中外合资经营企业,中外合作经营企业,它们与外资企业的主要区别是:

(1)外资企业是由外国企业、外国经济组织、外国个人自己投资、自己经营、自己获得利润、自己承担风险的企业;

(2)中外合资经营企业、中外合作经营企业则是外国企业、外国经济组织、外国个人与中国企业、中国经济组织共同投资、共同经营、共同分配、共同举办的企业;

中外合资经营企业与中外合作经营企业除了共同点外,它们之间的主要区别是:中外合资经营企业是股权式(登记股权)中外合营企业,中外合作经营企业是契约式(合同)中外合营企业,它们的投资、分配、回收投资、清算、合作、风险承担等方式均有不同。中外合资经营企业是中外合营者对企业都有投资,并以同一货币计算投资、按投资比例分配利润、承担风险和进行清算,中外合资经营企业在合营期间不得提取折旧费还本付息。中外合作经营企业的中外合营者对企业都有投资,但可以将各自的投资不作价,以提供条件与对方合作经营,不计算投资比例,不按投资比例分配,也不按投资比例承担风险和进行清算,即分配、责任、风险、清算方式均由中外投资者在法律允许的范围内协商确定并以合同方式固定。

62. 法人代表和法定代表人有何异同?

法人代表和法定代表人是两个不同的法律概念。

法人代表一般是指根据法人的内部规定担任某一职务或由法定代表人指派代表法人对外依法行使民事权利和义务的人,它不是一个独立的法律概念。

法人代表依法定代表人的授权而产生,没有法定代表人的授权,就不能产生法人代表。

作为民事权利主体的法人,其法人代表可以有多个。

法人代表对外行使权力都要受到法定代表人授权的限制,他只能在法定代表人授权的职责范围内代表法人对外进行活动,他的行为不是法人本身的行动,而是对法人发生直接的法律效力的行为。

法定代表人是指依法代表法人行使民事权利,履行民事义务的主要负责人(如工厂的厂长、公司的董事长等)。

法人是指特定的社会组织,如作为企业法人的公司,称呼公司的董事长或者总经理为法人是错误的。这个错误又来源于法定代表人,以为法定代表人可以简称为法人,其实法人是另外一个概念。法人是拟制的人,它必须通过自然人来表示它的意志,法定代表人由此产生。法定代表人就是能够代表法人的那个人,在公司中就是董事长或者执行董事,在一些公司中则称为总经理。因此,公司的董事长或者总经理有的被称作法人是错误的,被称作法定代表人是规范的用法,被称作法人代表也是可以的。

二、问公司

（一）关于公司的基本问题

1. 我国《公司法》规定的公司有哪几类？

根据我国《公司法》第 2 条："本法所称公司是指依照本法在中国境内设立的有限责任公司和股份有限公司。"因此，在我国国内，依法可以设立的公司类型仅为有限责任公司和股份有限公司两类。

2. 公司如何承担责任？

公司是企业法人，有独立的法人财产，享有法人财产权；公司以其全部财产对公司的债务承担责任。

3. 公司股东如何承担责任？

有限责任公司的股东以其认缴的出资额为限对公司承担责任；股份有限公司的股东以其认购的股份为限对公司承担责任，也就是以实际认缴并按期出资到位的出资额为限承担责任。其最大风险、最坏结果最多是将全部认缴并实缴到位的资本亏损完毕，认购的股份归零，但不会涉及个人其他合法资产。

4. 公司股东享有哪些权利？

公司股东依法享有资产收益、参与重大决策和选择管理者等权利。

5. 公司经营必须遵守的基本规则有哪些？

公司从事经营活动，必须遵守法律、行政法规，遵守社会公德、商业道德，诚实守信，接受政府和社会公众的监督，承担社会责任。公司的合法权益受法律保护，不受侵犯。

6. 如何设立公司？

设立公司，应当根据法律规定，依法向公司登记机关(工商行政管理局或市场监督管理局)申请设立登记。

符合法律规定的设立条件的,将由公司登记机关分别登记为有限责任公司或者股份有限公司。

法律、行政法规规定设立公司必须报经批准的,应当在公司登记前依法办理批准手续(前置审批或并联审批)。

公众可以向公司登记机关申请查询公司登记事项,公司登记机关应当提供查询服务。

依法设立的公司,由公司登记机关发给公司营业执照。

7. 公司的成立日期如何确定?

公司营业执照签发日期为公司成立日期。

8. 从公司营业执照中可以看出什么信息?

从公司营业执照中可以看出公司的准确名称、法定住所、认缴(实缴)注册资本、法定经营范围、法定代表人姓名、有效经营期限等事项。

9. 如何办理公司变更登记?

公司营业执照记载的事项发生变更的,应当依法向公司登记机构办理变更登记,由公司登记机关核准变更后,换发领取新的营业执照。

10. 公司的名称如何定?

依法设立的有限责任公司,须在公司名称中标明有限责任公司或者有限公司字样,并标明商号,即:××(市)××有限(责任)公司。

依法设立的股份有限公司,须在公司名称中标明股份有限公司或者股份公司字样,即:××(市)××股份(有限)公司。

11. 有限责任公司可以变更为股份有限公司吗?

有限责任公司符合公司法规定的股份有限公司的条件后,可以依法向公司登记机构申请变更为股份有限公司。

12. 股份有限公司可以变更为有限责任公司吗?

股份有限公司符合公司法规定的有限责任公司的条件,可以依法向公司登记机构变更为有限责任公司。

13. 有限责任公司变更为股份有限公司的,或者股份有限公司变更为有限责任公司,变更前的债权由谁享有,债务由谁承担?

有限责任公司变更为股份有限公司的,或者股份有限公司变更为有限责任公司的,公司变更前的债权、债务由变更后的公司承继,即变更前的债权由变更后的公司享有,债务由变更后的公司承担。

14. 如何确定公司的住所?

公司以其主要办事机构所在地为住所。

15. 公司的章程如何制定?

设立公司必须依法由公司股东一起协商一致,制定公司章程。

16. 公司章程对哪些人有约束力?

公司章程对公司、股东、董事、监事、高级管理人员具有约束力。

17. 公司的经营范围如何确定?

公司的经营范围由公司章程规定,并依法登记。

公司可以通过依法修改公司章程,改变经营范围。

变更的公司经营范围中属于法律、行政法规规定须经批准的项目,应当依法经过批准。

公司依程序改变经营范围后,应向公司原登记机关办理变更登记,换领新的营业执照。

18. 公司的法定代表人如何确定?

公司法定代表人依照公司章程的规定,由董事长、执行董事或者经理担任,并依法登记。

公司法定代表人变更,应当向公司原登记机关办理变更登记,换领新的营业执照。

19. 公司可以设立分公司吗?

公司可以设立分公司。

20. 公司如何设立分公司?

公司设立分公司,应当向拟设立分公司住所地公司登记机关申请登记,领取营业执照。

21. 分公司具有法人资格吗?

分公司不具有法人资格,其法律地位类似于公司的一个内部机构、部门。

22. 分公司民事责任如何承担?

分公司因不具有独立法人资格,故其民事责任由公司(总公司)承担。

23. 公司可以设立子公司吗?

公司可以依法设立子公司。

24. 子公司具有法人资格吗?

子公司具有法人资格,其法律地位等同于公司。

25. 公司如何设立子公司?

设立子公司的程序雷同于设立公司,向子公司住所地所在公司登记机关申请登记,领取营业执照。

26. 子公司民事责任如何承担?

子公司具有独立法人资格,依法独立承担民事责任。

27. 公司可以对外投资吗?

公司可以依法向其他企业投资;但是,除法律另有规定外,不得成为对所投资企业的债务承担连带责任的出资人。

28. 公司可以向其他企业投资或者为其他人提供担保吗?

公司可以依照公司章程的规定向其他企业投资或者为他人提供担保。

29. 公司如何向其他企业投资或者为其他人提供担保?

公司向其他企业投资或者为其他人提供担保,应当依照公司章程的规定,由董事会或者股东会、股东大会决议;公司章程对投资或者担保的总额及单项投资或者担保的数额有限额规定的,不得超过规定的限额。

公司为公司股东或者实际控制人提供担保的,必须经股东会或者股东大会决议。

被担保的股东或者受被担保的股东的实际控制人支配的股东,不得参加被担保的股东担保事项的表决。

担保表决由出席会议的其他股东所持表决权的过半数通过,方为有效。

30. 公司如何保障员工的权益?

公司必须依法保护员工的合法权益,依法与员工签订劳动合同,办理社会保险,加强劳动保护,实现安全生产。公司应当采用多种形式,加强公司职工的职业教育和岗位培训,提高职工素质。

31. 公司如何组建工会?

公司职工依照我国《工会法》组织工会,开展工会活动,维护职工合法权益。

公司应当为本公司工会提供必要的活动条件。公司工会代表职工就职工的劳动报酬、工作时间、福利、保险和劳动安全卫生等事项依法与公司签订集体合同。

32. 公司需要贯彻民主管理吗?

公司依照宪法和有关法律的规定,通过职工代表大会或者其他形式,实行民主管理。

公司研究决定改制以及经营方面的重大问题、制定重要的规章制度时,应当听取公司工会的意见,并通过职工代表大会或者其他形式听取职工的意见和建议。

33. 公司中需要设立共产党的组织吗?

根据《公司法》第19条:"在公司中,根据中国共产党章程的规定,设立中国共产党的组织,开展党的活动。公司应当为党组织的活动提供必要条件。"公司中的共产党员符合中国共产党章程的规定时,应设立中国共产党的组织,依法依规开展活动。

34. 公司股东行使权利有限制吗?

公司股东应当遵守法律、行政法规和公司章程,依法行使股东权利,不得滥用股东权利损害公司或者其他股东的利益;不得滥用公司法人独立地位和股东有限责任损害公司债权人的利益。

公司股东滥用股东权利给公司或者其他股东造成损失的,应当依法承担赔偿责任。

公司股东滥用公司法人独立地位和股东有限责任,逃避债务,严重损害公司债权人利益的,应当对公司债务承担连带责任。

35. 公司控股股东、实际控制人、董事、监事、高级管理人员的职责及法律责任是什么?

公司的控股股东、实际控制人、董事、监事、高级管理人员不得利用其关联关系损害公司利益,应当对公司忠诚。

公司的控股股东、实际控制人、董事、监事、高级管理人员违反规定,给公司造成损失的,应当承担赔偿责任。

36. 公司股东会或者股东大会、董事会的决议内容违反法律、行政法规的如何处理?

公司股东会或者股东大会、董事会的决议内容违反法律、行政法规的无效。

股东会或者股东大会、董事会的会议召集程序、表决方式违反法律、行政法规或者公司章程,或者决议内容违反公司章程的,股东可以自决议作出之日起60日内,请求人民法院撤销。

股东依照规定提起诉讼的,人民法院可以应公司的请求,要求股东提供相应担保。

公司根据股东会或者股东大会、董事会决议已办理变更登记的,人民法院经审理,宣告相关决议无效或者撤销决议后,公司应当向公司登记机关申请撤销变更登记。

(二) 关于有限责任公司的设立、组织机构、股权转让问题

37. 设立有限责任公司,应当具备什么条件?

设立有限责任公司,应当具备下列条件:
(1) 股东符合法定人数;
(2) 有符合公司章程规定的全体股东认缴的出资额;
(3) 股东共同制定公司章程;
(4) 有公司名称,建立符合有限责任公司要求的组织机构;
(5) 有公司住所。

38. 有限责任公司的股东数量有限定吗?

有限责任公司的股东数量有限定,根据《公司法》规定,有限责任公司由 50 个以下股东出资设立。

39. 有限责任公司章程应当载明哪些事项?

有限责任公司章程应当载明下列事项:
(1) 公司名称和住所;
(2) 公司经营范围;
(3) 公司注册资本;
(4) 股东的姓名或者名称;
(5) 股东的出资方式、出资额和出资时间;

（6）公司的机构（股东会、董事会、监事会、经理层）及其产生办法、职权、议事规则；

（7）公司法定代表人；

（8）股东会会议认为需要规定的其他事项。

40. 公司股东如何签署公司章程？

公司股东应当在最后制定认可的公司章程上签名（自然人股东）、盖章（法人股东）。

41. 有限责任公司的注册资本如何确定？

有限责任公司的注册资本为在公司登记机关登记的全体股东认缴的出资额。

42. 公司股东可以什么方式出资？

股东可以用货币出资，也可以用实物、知识产权、土地使用权等可用货币估价并可以依法转让的非货币财产作价出资；但是，法律、行政法规规定不得作为出资的财产除外。

对作为出资的非货币财产应当评估作价，核实财产，不能高估或者低估作价。法律、行政法规对评估作价有规定的，还要符合规定。

43. 股东如何缴纳认缴的出资？如不缴纳需要承担什么责任？

股东应当按约定期限，足额缴纳公司章程中规定的各自所认缴的出资额。

股东以货币出资的，应当将货币出资足额存入有限责任公司在银行开设的账户；以非货币财产出资的，应当依法办理其财产权的转移至公司的手续。

股东不按照规定缴纳出资的，除应当向公司足额缴纳外，还应当向已按期足额缴纳出资的股东承担违约责任。

44. 公司如何办理登记？

公司股东认足公司章程规定的出资后，由全体股东指定的代表或者共同委托的代理人向公司登记机关报送公司登记申请书、公司章程等文件，申请设立登记。

45. 有限责任公司成立后，发现作为设立公司出资的非货币财产的实际价额显著低于公司章程所定价额的，如何处理？

根据《公司法》的规定，有限责任公司成立后，发现作为设立公司出资的非货币财产的实际价额显著低于公司章程所定价额的，应当由交付该出资的股东补足其差额;公司设立时的其他股东承担连带责任。

46. 有限责任公司成立后,股东如何获得出资证明书?

按照《公司法》规定,有限责任公司成立后,应当向股东签发出资证明书,公司向股东提供出资证明书是法定义务。

47. 出资证明书应当记载什么内容?

出资证明书应当载明下列事项:
(1) 公司名称;
(2) 公司成立日期;
(3) 公司注册资本;
(4) 股东的姓名或者名称、缴纳的出资额和出资日期;
(5) 出资证明书的编号;
(6) 出资证明书核发日期;
(7) 公司盖章。

48. 有限责任公司股东名册记载什么事项?

根据《公司法》,有限责任公司应当置备股东名册,记载下列事项:
(1) 股东的姓名或者名称及住所;
(2) 股东的出资额;
(3) 出资证明书编号。
记载于股东名册的股东,可以依股东名册主张行使股东权利。
公司应当将股东的姓名或者名称向公司登记机关登记;登记事项发生变更的,应当办理变更登记。未经登记或者变更登记的,不得对抗第三人。

49. 股东的知情权有哪些? 如何主张知情权?

股东有权查阅、复制公司章程、股东会会议记录、董事会会议决议、监事会会议决议和财务会计报告。
股东可以要求查阅公司会计账簿。
股东要求查阅公司会计账簿的,应当向公司提出书面请求,说明目的。公司有合理根据认为股东查阅会计账簿有不正当目的,可能损害公司合法利益的,可以拒绝提供查阅,并应当自股东提出书面请求之日起15日内书面答复股东并说明理由。公司拒绝提供查阅的,股东可以请求人民法院要求公司提供查阅。

50. 股东如何分取红利?

股东按照实缴的出资比例分取红利,也可以按照约定比例分取红利。

51. 公司增资时，股东如何认缴？

公司新增资本时，股东有权优先按照实缴的出资比例认缴出资。

全体股东也可以不按照出资比例分取红利或者不按照出资比例优先认缴出资，通过约定方式认缴出资。

52. 公司成立后，股东可以抽回出资吗？

根据《公司法》，公司成立后，股东不得抽回出资，否则就构成抽逃出资的违法行为。

53. 有限责任公司股东会由什么人组成？

有限责任公司股东会由全体股东组成。

股东会是公司的权力机构，依照《公司法》和公司章程行使职权。

54. 公司股东会行使哪些职权？

股东会行使下列职权：

（1）决定公司的经营方针和投资计划；

（2）选举和更换非由职工代表担任的董事、监事，决定有关董事、监事的报酬事项；

（3）审议批准董事会的报告；

（4）审议批准监事会或者监事的报告；

（5）审议批准公司的年度财务预算方案、决算方案；

（6）审议批准公司的利润分配方案和弥补亏损方案；

（7）对公司增加或者减少注册资本作出决议；

（8）对发行公司债券作出决议；

（9）对公司合并、分立、解散、清算或者变更公司形式作出决议；

（10）修改公司章程；

（11）公司章程规定的其他职权。

55. 公司首次股东会由谁召集和主持？

公司首次股东会会议由出资最多的股东召集和主持。

56. 公司如何决定召开股东会会议？

公司股东会会议分为定期会议和临时会议。

公司股东会定期会议依照公司章程的规定按时召开。

代表1/10以上表决权的股东，1/3以上的董事，监事会或者不设监事会的公司的监事可以提议召开公司股东会临时会议。

符合提议召开公司股东会临时会议的提议人提议召开公司股东会临时会议的,公司应当召开股东会临时会议。

57. 公司首次股东会以后的股东会如何召集? 由谁主持?

有限责任公司设立董事会的,股东会会议由董事会召集,董事长主持;董事长不能履行职务或者不履行职务的,由副董事长主持;副董事长不能履行职务或者不履行职务的,由半数以上董事共同推举一名董事主持。

有限责任公司不设董事会的,股东会会议由执行董事召集和主持。

董事会或者执行董事不能履行或者不履行召集股东会会议职责的,由监事会或者不设监事会的公司的监事召集和主持;监事会或者监事不召集和主持的,代表 1/10 以上表决权的股东可以自行召集和主持。

58. 召开股东会会议,应如何通知股东?

召开股东会会议,应当于会议召开 15 日前通知全体股东;但是,公司章程另有规定或者全体股东另有约定的除外。

59. 股东会议如何记录?

股东会应当对所议事项的决定作成会议记录,由出席会议的股东在会议记录上签名。

60. 股东会议如何表决?

股东会会议通常由股东按照出资比例行使表决权。但是,公司章程另有规定的,则按照章程规定表决。

《公司法》规定,股东会会议作出修改公司章程、增加或者减少注册资本的决议,以及公司合并、分立、解散或者变更公司形式的决议,必须经代表 2/3 以上表决权的股东通过。除此之外的事项,按照公司章程规定表决。

对股东会职权范围内的事项,股东以书面形式一致表示同意的,可以不召开股东会会议,直接作出决定,由全体股东在决定文件上签名、盖章。

61. 有限责任公司如何设董事会?

有限责任公司设董事会,其成员为 3—13 人;股东人数较少或者规模较小的有限责任公司,可以设一名执行董事,不设董事会。

两个以上的国有企业或者两个以上的其他国有投资主体投资设立的有限责任公司,其董事会成员中应当有公司职工代表;其他有限责任公司董事会成员中可以有公司职工代表。董事会中的职工代表由公司职工通过职工代表大会、职工大会或者其他形式民主选举产生。

董事会设董事长一人,可以设副董事长。

董事长、副董事长的产生办法由公司章程规定。

62. 公司董事如何产生?董事任期如何确定?

公司董事由公司股东会选举产生。

董事任期由公司章程规定,但每届任期不得超过 3 年。

董事任期届满,连选可以连任。

董事任期届满未及时改选,或者董事在任期内辞职导致董事会成员低于法定人数的,在改选出的董事就任前,原董事仍应当依照法律、行政法规和公司章程的规定,履行董事职务。

63. 公司董事会对谁负责?

公司董事会对公司股东会负责。

64. 公司董事会行使哪些职权?

公司董事会行使下列职权:

(1) 召集股东会会议,并向股东会报告工作;

(2) 执行股东会的决议;

(3) 决定公司的经营计划和投资方案;

(4) 制订公司的年度财务预算方案、决算方案;

(5) 制订公司的利润分配方案和弥补亏损方案;

(6) 制订公司增加或者减少注册资本以及发行公司债券的方案;

(7) 制订公司合并、分立、解散或者变更公司形式的方案;

(8) 决定公司内部管理机构的设置;

(9) 决定聘任或者解聘公司经理及其报酬事项,并根据经理的提名决定聘任或者解聘公司副经理、财务负责人及其报酬事项;

(10) 制定公司的基本管理制度;

(11) 公司章程规定的其他职权。

65. 公司董事会由谁召集和主持?

董事会会议由董事长召集和主持;董事长不能履行职务或者不履行职务的,由副董事长召集和主持;副董事长不能履行职务或者不履行职务的,由半数以上董事共同推举一名董事召集和主持。

66. 公司董事会如何表决？

公司董事会的议事方式和表决程序，董事会决议的表决，实行一人一票。其他具体议事方式和表决形式，由公司章程规定。

董事会应当对所议事项的决定作成会议记录，出席会议的董事应当在会议记录上签名。

67. 有限责任公司经理（总经理）如何产生？

有限责任公司可以设经理（总经理），由董事会决定聘任或者解聘。

68. 有限责任公司经理（总经理）对谁负责？

有限责任公司经理（总经理）对董事会负责。

69. 有限责任公司经理（总经理）行使哪些职权？

有限责任公司经理（总经理）行使下列职权：

（1）主持公司的生产经营管理工作，组织实施董事会决议；

（2）组织实施公司年度经营计划和投资方案；

（3）拟订公司内部管理机构设置方案；

（4）拟订公司的基本管理制度；

（5）制定公司的具体规章；

（6）提请聘任或者解聘公司副经理、财务负责人；

（7）决定聘任或者解聘除应由董事会决定聘任或者解聘以外的负责管理人员；

（8）董事会授予的其他职权。

公司章程对经理（总经理）职权另有规定的，则公司经理（总经理）需按照公司章程规定行使职权。

70. 经理（总经理）可以列席董事会会议吗？

经理（总经理）可以列席董事会会议。

71. 执行董事的职权如何确定？

执行董事的职权由公司章程规定。

72. 执行董事可以兼任公司经理（总经理）吗？

执行董事可以兼任公司经理（总经理）。

73. 公司如何设监事会?

有限责任公司设监事会,其成员不少于3人。

股东人数较少或者规模较小的有限责任公司,可以设1—2名监事,不设监事会。

监事会应当包括股东代表和适当比例的公司职工代表,其中职工代表的比例不得低于1/3,具体比例由公司章程规定。

监事会中的职工代表由公司职工通过职工代表大会、职工大会或者其他形式民主选举产生。

监事会设主席一人,由全体监事过半数选举产生。

74. 公司监事会会议由谁召集和主持?

公司监事会会议由公司监事会主席召集和主持。

监事会主席不能履行职务或者不履行职务的,由半数以上监事共同推举一名监事召集和主持监事会会议。

75. 公司监事如何产生? 任期多长?

公司监事由股东会选举产生。

监事的任期每届为3年。监事任期届满,连选可以连任。

监事任期届满未及时改选,或者监事在任期内辞职导致监事会成员低于法定人数的,在改选出的监事就任前,原监事仍应当依照法律、行政法规和公司章程的规定,履行监事职务。

76. 哪些人员不得兼任公司监事?

公司董事、高级管理人员不得兼任公司监事。

77. 公司监事会、不设监事会的公司的监事行使哪些职权?

公司监事会、不设监事会的公司的监事行使下列职权:

(1) 检查公司财务;

(2) 对董事、高级管理人员执行公司职务的行为进行监督,对违反法律、行政法规、公司章程或者股东会决议的董事、高级管理人员提出罢免的建议;

(3) 当董事、高级管理人员的行为损害公司的利益时,要求董事、高级管理人员予以纠正;

(4) 提议召开临时股东会会议,在董事会不履行法律规定的召集和主持股东会会议职责时召集和主持股东会会议;

(5) 向股东会会议提出提案;

（6）依法对董事、高级管理人员提起诉讼；

（7）公司章程规定的其他职权。

78. 公司监事可以列席董事会会议吗？

公司监事可以列席董事会会议，并可以对董事会决议事项提出质询或者建议。

79. 监事会、不设监事会的公司的监事发现公司经营情况异常如何办？

监事会、不设监事会的公司的监事发现公司经营情况异常，可以进行调查；必要时，可以聘请会计师事务所等协助其工作，费用由公司承担。

80. 公司监事会会议如何召开？

公司监事会每年度至少召开一次会议。

监事可以提议召开临时监事会会议。

81. 公司监事会的议事方式和表决程序如何规定？

公司监事会的议事方式和表决程序，依据《公司法》和公司章程规定。

监事会决议应当经半数以上监事通过。

监事会应当对所议事项的决定作成会议记录，出席会议的监事应当在会议记录上签名。

82. 公司监事会、不设监事会的公司的监事行使职权所必需的费用由谁承担？

公司监事会、不设监事会的公司的监事行使职权所必需的费用，由公司承担。

83. 一个自然人可以设立多个一人有限责任公司吗？

一个自然人只能投资设立一个一人有限责任公司。

84. 一人有限责任公司能投资设立新的一人有限责任公司吗？

一人有限责任公司不能投资设立新的一人有限责任公司。

85. 如何看出是一人有限公司？

《公司法》规定，一人有限责任公司应当在公司登记中注明自然人独资或者法人独资，并在公司营业执照中载明。因此，从公司登记机构登记信息或者公司持有的营业执照，就可以看出是否为一人有限责任公司。

86. 一人有限责任公司需要制定章程吗？

一人有限责任公司需要制定章程,由股东制定。

87. 一人有限公司设股东会吗？

一人有限责任公司不设股东会。

88. 一人有限责任公司如何做出决议？

一人有限责任公司股东作出决定时,应当采用书面形式,由股东签名后置备于公司。

89. 一人有限责任公司股东如何承担责任？

一人有限责任公司的股东能证明公司财产独立于股东自己的财产的,由公司独立承担责任,不能证明公司财产独立于股东自己的财产的,应当对公司债务承担连带责任。

90. 国有独资公司的基本治理结构是什么？

国有独资公司章程由国有资产监督管理机构制定,或者由董事会制定报国有资产监督管理机构批准。

国有独资公司不设股东会,由国有资产监督管理机构行使股东会职权。

国有资产监督管理机构可以授权公司董事会行使股东会的部分职权,决定公司的重大事项,但公司的合并、分立、解散、增加或者减少注册资本和发行公司债券,必须由国有资产监督管理机构决定;其中,重要的国有独资公司合并、分立、解散、申请破产的,应当由国有资产监督管理机构审核后,报本级人民政府批准。

国有独资公司设董事会,依法行使职权。

国有独资公司董事每届任期不得超过 3 年。董事会成员中应当有公司职工代表。

董事会成员由国有资产监督管理机构委派;但是,董事会成员中的职工代表由公司职工代表大会选举产生。

董事会设董事长一人,可以设副董事长。董事长、副董事长由国有资产监督管理机构从董事会成员中指定。

国有独资公司设经理,由董事会聘任或者解聘。经理依法行使职权。

经国有资产监督管理机构同意,董事会成员可以兼任经理。

国有独资公司的董事长、副董事长、董事、高级管理人员,未经国有资产监督管理机构同意,不得在其他有限责任公司、股份有限公司或者其他经济组织兼职。

国有独资公司监事会成员不得少于 5 人,其中职工代表的比例不得低于 1/3,具体比例由公司章程规定。

监事会成员由国有资产监督管理机构委派;但是,监事会成员中的职工代表由公司职工代表大会选举产生。监事会主席由国有资产监督管理机构从监事会成员中指定。

监事会依法行使规定的职权。

91. 有限责任公司的股权转让有何原则?

有限责任公司的股东之间可以相互转让其全部或者部分股权。

有限责任公司的股东向股东以外的人转让股权,应当经其他股东过半数同意。

拟转让股权的股东应就其股权转让事项书面通知其他股东征求同意,其他股东自接到书面通知之日起满 30 日未答复的,视为同意转让。

其他股东半数以上不同意转让的,不同意的股东应当购买该转让的股权;不购买的,视为同意转让。

经股东同意转让的股权,在同等条件下,其他股东有优先购买权。

两个以上股东主张行使优先购买权的,协商确定各自的购买比例;协商不成的,按照转让时各自的出资比例行使优先购买权。

公司章程对股权转让可以做出具体规定。

92. 有限责任公司的股东所持股权遇到法院强制执行如何办?

人民法院依照法律规定的强制执行程序转让股东的股权时,会通知公司及全体股东,其他股东在同等条件下有优先购买权。

其他股东自人民法院通知之日起满 20 日不行使优先购买权的,视为放弃优先购买权。

93. 有限责任公司的股东所持股权转让后,如何办理后续手续?

有限责任公司的股东所持股权依法转让后,公司应当依法向公司登记机构办理变更登记,注销原股东的出资证明书,向新股东签发出资证明书,并相应修改公司章程和股东名册中有关股东及其出资额的记载。

94. 什么情况下,股东可以请求公司收购所持股权?

出现下列情形之一的,对股东会该项决议投反对票的股东可以请求公司按照合理的价格收购其股权:

(1) 公司 5 年连续盈利,并且符合法律规定的分配利润条件,而连续 5 年不

向股东分配利润的;

(2) 公司合并、分立、转让主要财产的;

(3) 公司章程规定的营业期限届满或者章程规定的其他解散事由出现,股东会会议通过决议修改章程使公司存续的。

自股东会会议决议通过之日起 60 日内,股东与公司不能达成股权收购协议的,股东可以自股东会会议决议通过之日起 90 日内向人民法院提起诉讼。

95. 自然人股东去世后,其合法继承人可以继承股权,取得股东资格吗?

自然人股东过世后,其合法继承人可以继承股东资格;但是,公司章程另有规定的,则按照公司章程规定办理。

(三) 关于股份有限公司的设立、组织机构、股份发行和转让问题

96. 设立股份有限公司,应当具备哪些条件?

设立股份有限公司,应当具备下列条件:

(1) 发起人符合法定人数;

(2) 有符合公司章程规定的全体发起人认购的股本总额或者募集的实收股本总额;

(3) 股份发行、筹办事项符合法律规定;

(4) 发起人制定公司章程,采用募集方式设立的经创立大会通过;

(5) 有公司名称,建立符合股份有限公司要求的组织机构;

(6) 有公司住所。

97. 股份有限公司的设立,可以采取哪些方式?

股份有限公司的设立,可以采取发起设立或者募集设立的方式。

发起设立,是指由发起人认购公司应发行的全部股份而设立公司。

募集设立,是指由发起人认购公司应发行股份的一部分,其余股份向社会公开募集或者向特定对象募集而设立公司。

98. 设立股份有限公司的发起人有哪些要求?

设立股份有限公司,应当有 2 人以上 200 人以下为发起人,其中须有半数以上的发起人在中国境内有住所。

99. 股份有限公司发起人承担哪些职责?

股份有限公司发起人承担公司筹办事务。

发起人应当签订发起人协议,明确各自在公司设立过程中的权利和义务。

股份有限公司采取发起设立方式设立的,注册资本为在公司登记机关登记的全体发起人认购的股本总额。在发起人认购的股份缴足前,不得向他人募集股份。

股份有限公司采取募集方式设立的,注册资本为在公司登记机关登记的实收股本总额。

法律、行政法规以及国务院决定对股份有限公司注册资本实缴、注册资本最低限额做出调整,另有规定的,应当符合规定。

100. 股份有限公司章程应当载明哪些基本内容?

股份有限公司章程应当载明下列事项:

(1) 公司名称和住所;

(2) 公司经营范围;

(3) 公司设立方式;

(4) 公司股份总数、每股金额和注册资本;

(5) 发起人的姓名或者名称、认购的股份数、出资方式和出资时间;

(6) 董事会的组成、职权和议事规则;

(7) 公司法定代表人;

(8) 监事会的组成、职权和议事规则;

(9) 公司利润分配办法;

(10) 公司的解散事由与清算办法;

(11) 公司的通知和公告办法;

(12) 股东大会会议认为需要规定的其他事项。

101. 股份有限公司发起人可以以哪些方式出资?

股份有限公司发起人可以用货币出资,也可以用实物、知识产权、土地使用权等可用货币估价并可以依法转让的非货币财产作价出资;但是,法律、行政法规规定不得作为出资的财产除外。

对作为出资的非货币财产应当评估作价,核实财产,不能高估或者低估作价。法律、行政法规对评估作价有规定的,还要符合规定。

以发起设立方式设立股份有限公司的,发起人应当书面认足公司章程规定其认购的股份,并按照公司章程规定缴纳出资。以非货币财产出资的,应当依法办理其财产权的转移手续。

以募集设立方式设立股份有限公司的,发起人认购的股份不得少于公司股份总数的 35%。

发起人向社会公开募集股份,必须公告招股说明书,并制作认股书。认股书应当载明《公司法》第 86 条所列事项,由认股人填写认购股数、金额、住所,并签名、盖章。认股人按照所认购股数缴纳股款。

102. 股份有限公司发起人未能按期缴纳出资的,承担什么责任?

股份有限公司发起人不依照规定缴纳出资的,应当按照发起人协议承担违约责任。

103. 股份有限公司如何登记?

发起人认足公司章程规定的出资后,应当选举董事会和监事会,由董事会向公司登记机关报送公司章程以及法律、行政法规规定的其他文件,申请设立登记。

104. 招股说明书的主要内容有哪些?

招股说明书应当附有发起人制订的公司章程,并载明下列事项:

(1) 发起人认购的股份数;

(2) 每股的票面金额和发行价格;

(3) 无记名股票的发行总数;

(4) 募集资金的用途;

(5) 认股人的权利、义务;

(6) 本次募股的起止期限及逾期未募足时认股人可以撤回所认股份的说明。

105. 发起人向社会公开募集股份如何操作?

发起人向社会公开募集股份,应当由依法设立的证券公司承销,签订承销协议。

发起人向社会公开募集股份,应当同银行签订代收股款协议。

代收股款的银行应当按照协议代收和保存股款,向缴纳股款的认股人出具收款单据,并负有向有关部门出具收款证明的义务。

发行股份的股款缴足后,必须经依法设立的验资机构验资并出具证明。发起人应当自股款缴足之日起 30 日内主持召开公司创立大会。创立大会由发起人、认股人组成。

发行的股份超过招股说明书规定的截止期限尚未募足的,或者发行股份的股款缴足后,发起人在 30 日内未召开创立大会的,认股人可以按照所缴股款并加算银行同期存款利息,要求发起人返还。

106. 股份有限公司创立大会如何召开？

股份有限公司发起人应当在创立大会召开 15 日前将会议日期通知各认股人或者予以公告。

创立大会应有代表股份总数过半数的发起人、认股人出席，方可举行。

107. 股份有限公司创立大会行使哪些职权？如何表决？

股份有限公司创立大会行使下列职权：

(1) 审议发起人关于公司筹办情况的报告；

(2) 通过公司章程；

(3) 选举董事会成员；

(4) 选举监事会成员；

(5) 对公司的设立费用进行审核；

(6) 对发起人用于抵作股款的财产的作价进行审核；

(7) 发生不可抗力或者经营条件发生重大变化直接影响公司设立的，可以作出不设立公司的决议。

创立大会作出决议，必须经出席会议的认股人所持表决权过半数通过。

108. 股份有限公司发起人、认股人缴纳股款或者交付抵作股款的出资后，可以抽回股本吗？

股份有限公司发起人、认股人缴纳股款或者交付抵作股款的出资后，除未按期募足股份、发起人未按期召开创立大会或者创立大会决议不设立公司的情形外，不得抽回其股本。

109. 股份有限公司向什么机构申请登记？

股份有限公司董事会应于创立大会结束后 30 日内，向公司登记机关报送下列文件，申请设立登记：

(1) 公司登记申请书；

(2) 创立大会的会议记录；

(3) 公司章程；

(4) 验资证明；

(5) 法定代表人、董事、监事的任职文件及其身份证明；

(6) 发起人的法人资格证明或者自然人身份证明；

(7) 公司住所证明。

以募集方式设立股份有限公司公开发行股票的，还应当向公司登记机关报送国务院证券监督管理机构的核准文件。

110. 股份有限公司成立后,发起人未按照公司章程的规定缴足出资的,承担什么责任?

股份有限公司成立后,发起人未按照公司章程的规定缴足出资的,应当补缴;其他发起人承担连带责任。

股份有限公司成立后,发现作为设立公司出资的非货币财产的实际价额显著低于公司章程所定价额的,应当由交付该出资的发起人补足其差额;其他发起人承担连带责任。

111. 股份有限公司的发起人应当承担什么责任?

股份有限公司的发起人应当承担下列责任:

(1) 公司不能成立时,对设立行为所产生的债务和费用负连带责任;

(2) 公司不能成立时,对认股人已缴纳的股款,负返还股款并加算银行同期存款利息的连带责任;

(3) 在公司设立过程中,由于发起人的过失致使公司利益受到损害的,应当对公司承担赔偿责任。

112. 有限责任公司变更为股份有限公司,股本如何计算?

有限责任公司变更为股份有限公司时,折合的实收股本总额不得高于公司净资产额。有限责任公司变更为股份有限公司,为增加资本公开发行股份时,应当依法办理。

113. 股份有限公司股东享有哪些知情权?

股份有限公司股东有权查阅公司章程、股东名册、公司债券存根、股东大会会议记录、董事会会议决议、监事会会议决议、财务会计报告,对公司的经营提出建议或者质询。

股份有限公司应当将公司章程、股东名册、公司债券存根、股东大会会议记录、董事会会议记录、监事会会议记录、财务会计报告置备于公司。

114. 股份有限公司股东大会由谁组成? 其法律地位是什么?

股份有限公司股东大会由全体股东组成。股东大会是公司的最高权力机构,依法行使职权。

115. 股份有限公司股东大会有哪些职权?

股份有限公司股东大会行使下列职权:

(1) 决定公司的经营方针和投资计划;

（2）选举和更换非由职工代表担任的董事、监事,决定有关董事、监事的报酬事项;

（3）审议批准董事会的报告;

（4）审议批准监事会或者监事的报告;

（5）审议批准公司的年度财务预算方案、决算方案;

（6）审议批准公司的利润分配方案和弥补亏损方案;

（7）对公司增加或者减少注册资本作出决议;

（8）对发行公司债券作出决议;

（9）对公司合并、分立、解散、清算或者变更公司形式作出决议;

（10）修改公司章程;

（11）公司章程规定的其他职权。

116. 股份有限公司股东大会会议如何召开?

股份有限公司股东大会应当每年召开一次年会。有下列情形之一的,应当在两个月内召开临时股东大会:

（1）董事人数不足法律规定人数或者公司章程所定人数的 2/3 时;

（2）公司未弥补的亏损达实收股本总额 1/3 时;

（3）单独或者合计持有公司 10% 以上股份的股东请求时;

（4）董事会认为必要时;

（5）监事会提议召开时;

（6）公司章程规定的其他情形。

依照《公司法》和公司章程规定,公司转让、受让重大资产或者对外提供担保等事项必须经股东大会作出决议的,董事会应当及时召集股东大会会议,由股东大会就上述事项进行表决。

股份有限公司股东大会会议由董事会召集,董事长主持;董事长不能履行职务或者不履行职务的,由副董事长主持;副董事长不能履行职务或者不履行职务的,由半数以上董事共同推举一名董事主持。

董事会不能履行或者不履行召集股东大会会议职责的,监事会应当及时召集和主持;监事会不召集和主持的,连续 90 日以上单独或者合计持有公司 10% 以上股份的股东可以自行召集和主持。

召开股东大会会议,应当将会议召开的时间、地点和审议的事项于会议召开 20 日前通知各股东;临时股东大会应当于会议召开 15 日前通知各股东;发行无记名股票的,应当于会议召开 30 日前公告会议召开的时间、地点和审议事项。

单独或者合计持有公司 3% 以上股份的股东,可以在股东大会召开 10 日前提出临时提案并书面提交董事会;董事会应当在收到提案后两日内通知其他股东,并将该临时提案提交股东大会审议。临时提案的内容应当属于股东大会职权范围,并有明确议题和具体决议事项。

股份有限公司股东大会不得对会议通知中未列明的事项作出决议。

无记名股票持有人出席股东大会会议的,应当于会议召开 5 日前至股东大会闭会时将股票交存于公司。

股份有限公司股东可以委托代理人出席股东大会会议,代理人应当向公司提交股东授权委托书,并在授权范围内行使表决权。

股份有限公司股东大会应当对所议事项的决定作成会议记录,主持人、出席会议的董事应当在会议记录上签名。会议记录应当与出席股东的签名册及代理出席的委托书一并保存。

117. 股份有限公司股东大会如何表决?

股份有限公司股东出席股东大会会议,所持每一股份有一表决权。但是,公司持有的本公司股份没有表决权。

股份有限公司股东大会作出决议,必须经出席会议的股东所持表决权过半数通过。但是,股东大会作出修改公司章程、增加或者减少注册资本的决议,以及公司合并、分立、解散或者变更公司形式的决议,必须经出席会议的股东所持表决权的 2/3 以上通过。

股份有限公司股东大会选举董事、监事,可以依照公司章程的规定或者股东大会的决议,实行累积投票制。

118. 股份有限公司董事如何产生? 董事任期如何确定?

股份有限公司董事由公司股东大会选举产生。

董事会成员中可以有公司职工代表。董事会中的职工代表由公司职工通过职工代表大会、职工大会或者其他形式民主选举产生。

董事任期由公司章程规定,但每届任期不得超过 3 年。

董事任期届满,连选可以连任。

董事任期届满未及时改选,或者董事在任期内辞职导致董事会成员低于法定人数的,在改选出的董事就任前,原董事仍应当依照法律、行政法规和公司章程的规定,履行董事职务。

119. 哪些人不得担任股份有限公司的董事、监事、高级管理人员?

有下列情形之一的,不得担任股份有限公司的董事、监事、高级管理人员:

(1) 无民事行为能力或者限制民事行为能力;

(2) 因贪污、贿赂、侵占财产、挪用财产或者破坏社会主义市场经济秩序,被判处刑罚,执行期满未逾 5 年,或者因犯罪被剥夺政治权利,执行期满未逾 5 年;

(3) 担任破产清算的公司、企业的董事或者厂长、经理,对该公司、企业的破

产负有个人责任的,自该公司、企业破产清算完结之日起未逾 3 年;

(4) 担任因违法被吊销营业执照、责令关闭的公司、企业的法定代表人,并负有个人责任的,自该公司、企业被吊销营业执照之日起未逾 3 年;

(5) 个人所负数额较大的债务到期未清偿。

公司违反前款规定选举、委派董事、监事或者聘任高级管理人员的,该选举、委派或者聘任无效。

董事、监事、高级管理人员在任职期间出现以上所列情形的,公司应当解除其职务。

120. 股份有限公司董事、监事、高级管理人员应对公司承担什么义务?

股份有限公司董事、监事、高级管理人员应当遵守法律、行政法规和公司章程,对公司负有忠实义务和勤勉义务。

董事、监事、高级管理人员不得利用职权收受贿赂或者其他非法收入,不得侵占公司的财产。

董事、高级管理人员不得有下列行为:

(1) 挪用公司资金;

(2) 将公司资金以其个人名义或者以其他个人名义开立账户存储;

(3) 违反公司章程的规定,未经股东会、股东大会或者董事会同意,将公司资金借贷给他人或者以公司财产为他人提供担保;

(4) 违反公司章程的规定或者未经股东会、股东大会同意,与本公司订立合同或者进行交易;

(5) 未经股东会或者股东大会同意,利用职务便利为自己或者他人谋取属于公司的商业机会,自营或者为他人经营与所任职公司同类的业务;

(6) 接受他人与公司交易的佣金归为己有;

(7) 擅自披露公司秘密;

(8) 违反对公司忠实义务的其他行为。

股份有限公司董事、高级管理人员违反前款规定所得的收入应当归公司所有。

股份有限公司董事、监事、高级管理人员执行公司职务时违反法律、行政法规或者公司章程的规定,给公司造成损失的,应当承担赔偿责任。

股东大会要求董事、监事、高级管理人员列席会议的,董事、监事、高级管理人员应当列席并接受股东的质询。

董事、高级管理人员应当如实向监事会提供有关情况和资料,不得妨碍监事会行使职权。

121. 股份有限公司董事会对谁负责?

股份有限公司董事会对公司股东大会负责。

122. 股份有限公司董事会行使哪些职权？

股份有限公司董事会行使下列职权：

（1）召集股东会会议，并向股东会报告工作；

（2）执行股东会的决议；

（3）决定公司的经营计划和投资方案；

（4）制订公司的年度财务预算方案、决算方案；

（5）制订公司的利润分配方案和弥补亏损方案；

（6）制订公司增加或者减少注册资本以及发行公司债券的方案；

（7）制订公司合并、分立、解散或者变更公司形式的方案；

（8）决定公司内部管理机构的设置；

（9）决定聘任或者解聘公司经理及其报酬事项，并根据经理的提名决定聘任或者解聘公司副经理、财务负责人及其报酬事项；

（10）制定公司的基本管理制度；

（11）公司章程规定的其他职权。

123. 股份有限公司如何设董事会？

股份有限公司设董事会，其成员为 5—19 人。

董事会设董事长一人，可以设副董事长。董事长和副董事长由董事会以全体董事的过半数选举产生。

124. 股份有限公司董事会会议如何召集和举行？

股份有限公司董事会会议由董事长召集和主持董事会会议，检查董事会决议的实施情况。

副董事长协助董事长工作，董事长不能履行职务或者不履行职务的，由副董事长履行职务；副董事长不能履行职务或者不履行职务的，由半数以上董事共同推举一名董事履行职务。

董事会每年度至少召开两次会议，每次会议应当于会议召开 10 日前通知全体董事和监事。

代表 1/10 以上表决权的股东、1/3 以上董事或者监事会，可以提议召开董事会临时会议。董事长应当自接到提议后 10 日内，召集和主持董事会会议。

董事会召开临时会议，可以另定召集董事会的通知方式和通知时限。

董事会会议应有过半数的董事出席方可举行董事会会议，应由董事本人出席；董事因故不能出席，可以书面委托其他董事代为出席，委托书中应载明授权范围。

董事会应当对会议所议事项的决定作成会议记录，出席会议的董事应当在会议记录上签名。

董事应当对董事会的决议承担责任。董事会的决议违反法律、行政法规或者公司章程、股东大会决议,致使公司遭受严重损失的,参与决议的董事对公司负赔偿责任。但经证明在表决时曾表明异议并记载于会议记录的,该董事可以免除责任。

125. 股份有限公司董事会如何做出决议?

董事会作出决议,必须经全体董事的过半数通过。

董事会决议的表决,实行一人一票。

上市公司董事与董事会会议决议事项所涉及的企业有关联关系的,不得对该项决议行使表决权,也不得代理其他董事行使表决权。该董事会会议由过半数的无关联关系董事出席即可举行,董事会会议所作决议须经无关联关系董事过半数通过。出席董事会的无关联关系董事人数不足 3 人的,应将该事项提交上市公司股东大会审议。

126. 股份有限公司经理(总经理)如何产生?

股份有限公司可以设经理(总经理),由董事会决定聘任或者解聘。

公司董事会可以决定由董事会成员兼任经理。

127. 股份有限公司经理(总经理)对谁负责?

股份有限公司经理(总经理)对董事会负责。

128. 股份有限公司经理(总经理)行使哪些职权?

股份有限公司经理(总经理)行使下列职权:

(1)主持公司的生产经营管理工作,组织实施董事会决议;

(2)组织实施公司年度经营计划和投资方案;

(3)拟订公司内部管理机构设置方案;

(4)拟订公司的基本管理制度;

(5)制定公司的具体规章;

(6)提请聘任或者解聘公司副经理、财务负责人;

(7)决定聘任或者解聘除应由董事会决定聘任或者解聘以外的负责管理人员;

(8)董事会授予的其他职权。

公司章程对经理(总经理)职权另有规定的,则公司经理(总经理)需按照公司章程规定行使职权。

129. 股份有限公司可以直接或者通过子公司向董事、监事、高级管理人员提供借款吗?

股份有限公司不得直接或者通过子公司向董事、监事、高级管理人员提供借款。

130. 股份有限公司股东如何知悉公司高管报酬情况?

《公司法》规定,股份有限公司应当定期向股东披露董事、监事、高级管理人员从公司获得报酬的情况。

131. 股份有限公司如何设监事会?

股份有限公司设监事会,其成员不得少于3人。

监事会应当包括股东代表和适当比例的公司职工代表,其中职工代表的比例不得低于1/3,具体比例由公司章程规定。监事会中的职工代表由公司职工通过职工代表大会、职工大会或者其他形式民主选举产生。

监事会设主席一人,可以设副主席。监事会主席和副主席由全体监事过半数选举产生。监事会主席召集和主持监事会会议;监事会主席不能履行职务或者不履行职务的,由监事会副主席召集和主持监事会会议;监事会副主席不能履行职务或者不履行职务的,由半数以上监事共同推举一名监事召集和主持监事会会议。

132. 股份有限公司监事会会议由谁召集和主持?

股份有限公司监事会会议由公司监事会主席召集和主持。监事会主席不能履行职务或者不履行职务的,由半数以上监事共同推举一名监事召集和主持监事会会议。

133. 股份有限公司监事如何产生? 任期多长?

股份有限公司监事由股东会选举产生。

股份有限公司监事的任期每届为3年。监事任期届满,连选可以连任。

监事任期届满未及时改选,或者监事在任期内辞职导致监事会成员低于法定人数的,在改选出的监事就任前,原监事仍应当依照法律、行政法规和公司章程的规定,履行监事职务。

134. 哪些人员不得兼任股份有限公司监事?

股份有限公司董事、高级管理人员不得兼任公司监事。

135. 股份有限公司监事会行使哪些职权？

股份有限公司监事会行使下列职权：

（1）检查公司财务；

（2）对董事、高级管理人员执行公司职务的行为进行监督，对违反法律、行政法规、公司章程或者股东会决议的董事、高级管理人员提出罢免的建议；

（3）当董事、高级管理人员的行为损害公司的利益时，要求董事、高级管理人员予以纠正；

（4）提议召开临时股东会会议，在董事会不履行法律规定的召集和主持股东会会议职责时召集和主持股东会会议；

（5）向股东会会议提出提案；

（6）依法对董事、高级管理人员提起诉讼；

（7）公司章程规定的其他职权。

136. 股份有限公司监事会会议如何召开？

股份有限公司监事会每 6 个月至少召开一次会议。

监事可以提议召开临时监事会会议。

137. 股份有限公司监事会的议事方式和表决程序如何规定？

股份有限公司监事会的议事方式和表决程序，依据《公司法》和公司章程规定。

监事会决议应当经半数以上监事通过。

监事会应当对所议事项的决定作成会议记录，出席会议的监事应当在会议记录上签名。

138. 股份有限公司监事会行使职权所必需的费用由谁承担？

股份有限公司监事会行使职权所必需的费用，由公司承担。

139. 上市公司在一年内购买、出售重大资产或者担保有何特别规定？

上市公司在一年内购买、出售重大资产或者担保金额超过公司资产总额 30% 的，应当由股东大会作出决议，并经出席会议的股东所持表决权的 2/3 以上通过。

140. 上市公司可以设立独立董事吗？

上市公司可以根据国务院规定，设独立董事。

141. 上市公司董事会秘书的主要职责有哪些?

上市公司设董事会秘书,负责公司股东大会和董事会会议的筹备、文件保管以及公司股东资料的管理,办理信息披露事务等事宜。

142. 股份有限公司的资本如何划分?

股份有限公司的资本划分为股份,每一股的金额相等。

公司的股份采取股票的形式。股票是公司签发的证明股东所持股份的凭证。

143. 股份有限公司股份发行的基本原则是什么?

股份有限公司股份的发行,实行公平、公正的原则,同种类的每一股份应当具有同等权利。

同次发行的同种类股票,每股的发行条件和价格应当相同;任何单位或者个人所认购的股份,每股应当支付相同价额。

股票发行价格可以按票面金额,也可以超过票面金额,但不得低于票面金额。

144. 股份有限公司发行的股票可以采用什么形式?

股份有限公司发行的股票采用纸面形式或者国务院证券监督管理机构规定的其他形式。

145. 股份有限公司发行的股票应当载明哪些事项?

股份有限公司发行的股票应当载明下列主要事项:

(1) 公司名称;

(2) 公司成立日期;

(3) 股票种类、票面金额及代表的股份数;

(4) 股票的编号。

股票由法定代表人签名,公司盖章。

发起人的股票,应当标明发起人股票字样。

股份有限公司发行的股票,可以为记名股票,也可以为无记名股票。

股份有限公司向发起人、法人发行的股票,应当为记名股票,并应当记载该发起人、法人的名称或者姓名,不得另立户名或者以代表人姓名记名。

股份有限公司发行记名股票的,应当置备股东名册,记载下列事项:

(1) 股东的姓名或者名称及住所;

(2) 各股东所持股份数;

(3) 各股东所持股票的编号;

(4) 各股东取得股份的日期。

发行无记名股票的,公司应当记载其股票数量、编号及发行日期。

146. 股份有限公司何时向股东交付股票?

股份有限公司成立后,即向股东正式交付股票。公司成立前不得向股东交付股票。

147. 股份有限公司如何决定发行新股?

股份有限公司发行新股,股东大会应当对下列事项作出决议:

(1) 新股种类及数额;

(2) 新股发行价格;

(3) 新股发行的起止日期;

(4) 向原有股东发行新股的种类及数额。

公司经国务院证券监督管理机构核准公开发行新股时,必须公告新股招股说明书和财务会计报告,并制作认股书。

公司发行新股,可以根据公司经营情况和财务状况,确定其作价方案。

公司发行新股募足股款后,必须向公司登记机关办理变更登记,并公告。

148. 股份有限公司股东持有的股份如何转让?

股份有限公司股东持有的股份可以依法转让。

股份有限公司股东转让其股份,应当在依法设立的证券交易场所(如上海证券交易所、深圳证券交易所等)进行或者按照国务院规定的其他方式进行。

记名股票,由股东以背书方式或者法律、行政法规规定的其他方式转让;转让后由公司将受让人的姓名或者名称及住所记载于股东名册。

股份有限公司股东大会召开前20日内或者公司决定分配股利的基准日前5日内,不得进行股东名册的变更登记。

无记名股票的转让,由股东将该股票交付给受让人后即发生转让的效力。

股份有限公司发起人持有的本公司股份,自公司成立之日起一年内不得转让。公司公开发行股份前已发行的股份,自公司股票在证券交易所上市交易之日起一年内不得转让。

股份有限公司公司董事、监事、高级管理人员应当向公司申报所持有的本公司的股份及其变动情况,在任职期间每年转让的股份不得超过其所持有本公司股份总数的25%;所持本公司股份自公司股票上市交易之日起一年内不得转让。

股份有限公司公司董事、监事、高级管理人员离职后半年内,不得转让其所持有的本公司股份。

股份有限公司公司章程还可以对公司董事、监事、高级管理人员转让其所持有的本公司股份作出其他限制性规定。

149. 股份有限公司可以收购本公司的股份吗?

股份有限公司在下列情形下可以收购本公司的股份:

（1）减少公司注册资本;

（2）与持有本公司股份的其他公司合并;

（3）将股份奖励给本公司职工;

（4）股东因对股东大会作出的公司合并、分立决议持异议,要求公司收购其股份的。

公司根据以上第(1)项至第(3)项的原因收购本公司股份的,应当经股东大会决议。

公司收购本公司股份后,属于以上第(1)项情形的,应当自收购之日起 10 日内注销;属于以上第(2)项、第(4)项情形的,应当在 6 个月内转让或者注销。

公司依照以上第(3)项规定收购的本公司股份,不得超过本公司已发行股份总额的 5％;用于收购的资金应当从公司的税后利润中支出;所收购的股份应当在一年内转让给职工。

除以上情形外,股份有限公司公司不得收购本公司股份。

150. 股份有限公司可以接受本公司的股票作为质押权的标的吗?

股份有限公司不得接受本公司的股票作为质押权的标的。

151. 股份有限公司记名股票被盗、遗失或者灭失,如何处理?

股份有限公司记名股票被盗、遗失或者灭失,股东可以依照《民事诉讼法》规定的公示催告程序,请求人民法院宣告该股票失效。

人民法院宣告该股票失效后,股东可以向公司申请补发股票。

152. 上市公司如何公布财务状况等信息?

上市公司必须依照法律、行政法规的规定,公开其财务状况、经营情况及重大诉讼,在每会计年度内半年公布一次财务会计报告。

（四）关于公司债券的问题

153. 公司如何发行债券?

公司发行公司债券应当符合我国《证券法》规定的发行条件。

发行公司债券的申请经国务院授权的部门核准后,应当公告公司债券募集办法。

公司债券,可以为记名债券,也可以为无记名债券。

154. 公司债券募集办法需要列明的主要事项有哪些?

公司债券募集办法中应当载明下列主要事项:

(1) 公司名称;

(2) 债券募集资金的用途;

(3) 债券总额和债券的票面金额;

(4) 债券利率的确定方式;

(5) 还本付息的期限和方式;

(6) 债券担保情况;

(7) 债券的发行价格、发行的起止日期;

(8) 公司净资产额;

(9) 已发行的尚未到期的公司债券总额;

(10) 公司债券的承销机构。

155. 公司可以以实物券方式发行公司债券吗?

公司可以以实物券方式发行公司债券。

公司以实物券方式发行公司债券的,须在债券上载明公司名称、债券票面金额、利率、偿还期限等事项,并由法定代表人签名,公司盖章。

156. 公司发行债券如何记录?

公司发行公司债券应当置备公司债券存根簿。

发行记名公司债券的,应当在公司债券存根簿上载明下列事项:

(1) 债券持有人的姓名或者名称及住所;

(2) 债券持有人取得债券的日期及债券的编号;

(3) 债券总额,债券的票面金额、利率、还本付息的期限和方式;

(4) 债券的发行日期。

发行无记名公司债券的,应当在公司债券存根簿上载明债券总额、利率、偿还期限和方式、发行日期及债券的编号。

记名公司债券的登记结算机构应当建立债券登记、存管、付息、兑付等相关制度。

157. 公司债券如何转让?

公司债券可以转让,转让价格由转让人与受让人约定。

公司债券在证券交易所上市交易的,按照证券交易所的交易规则转让。

记名公司债券,由债券持有人以背书方式或者法律、行政法规规定的其他方式转让;转让后由公司将受让人的姓名或者名称及住所记载于公司债券存根簿。

无记名公司债券的转让,由债券持有人将该债券交付给受让人后即发生转让的效力。

158. 上市公司可以发行可转换为股票的公司债券吗?

上市公司经股东大会决议可以发行可转换为股票的公司债券,并在公司债券募集办法中规定具体的转换办法。上市公司发行可转换为股票的公司债券,应当报国务院证券监督管理机构核准。

发行可转换为股票的公司债券,应当在债券上标明可转换公司债券字样,并在公司债券存根簿上载明可转换公司债券的数额。

发行可转换为股票的公司债券的,公司应当按照其转换办法向债券持有人换发股票,但债券持有人对转换股票或者不转换股票有选择权。

(五)关于公司财务、会计问题

159. 公司应如何建立财务、会计制度?

公司应当依照法律、行政法规和国务院财政部门的规定建立本公司的财务、会计制度。

公司应当在每一会计年度终了时编制财务会计报告,并依法经会计师事务所审计。

公司应当向聘用的会计师事务所提供真实、完整的会计凭证、会计账簿、财务会计报告及其他会计资料,不得拒绝、隐匿、谎报。

财务会计报告应当依照法律、行政法规和国务院财政部门的规定制作。

有限责任公司应当依照公司章程规定的期限将财务会计报告送交各股东。

股份有限公司的财务会计报告应当在召开股东大会年会的 20 日前置备于本公司,供股东查阅;公开发行股票的股份有限公司必须公告其财务会计报告。

公司除法定的会计账簿外,不得另立会计账簿。

对公司资产,不得以任何个人名义开立账户存储。

160. 公司应如何提取法定公积金、任意公积金?

公司分配当年税后利润时,应当提取利润的 10％列入公司法定公积金。公司法定公积金累计额为公司注册资本的 50％以上的,可以不再提取。

公司的法定公积金不足以弥补以前年度亏损的,在提取法定公积金之前,应当先用当年利润弥补亏损。

公司从税后利润中提取法定公积金后,经股东会或者股东大会决议,还可以从税后利润中提取任意公积金。

161. 公司分配利润的原则是什么?

公司弥补亏损和提取公积金后所余税后利润,依法律规定和公司章程约定分配。

股东会、股东大会或者董事会违反规定,在公司弥补亏损和提取法定公积金之前向股东分配利润的,股东必须将违反规定分配的利润退还公司。

公司持有的本公司股份不得分配利润。

162. 股份有限公司以超过股票票面金额的发行价格发行股份所得的溢价款如何处理?

股份有限公司以超过股票票面金额的发行价格发行股份所得的溢价款以及国务院财政部门规定列入资本公积金的其他收入,应当列为公司资本公积金。

163. 公司的公积金如何使用?

公司的公积金用于弥补公司的亏损、扩大公司生产经营或者转为增加公司资本。但是,资本公积金不得用于弥补公司的亏损。

法定公积金转为资本时,所留存的该项公积金不得少于转增前公司注册资本的 25％。

164. 公司如何选聘、解聘承办公司业务的会计师事务所?

公司聘用、解聘承办公司审计业务的会计师事务所,依照公司章程的规定,由股东会、股东大会或者董事会决定。

公司股东会、股东大会或者董事会就解聘会计师事务所进行表决时,应当允许会计师事务所陈述意见。

(六) 关于公司合并、分立、增资、减资问题

165. 公司合并的方式有哪些?

公司合并的方式有吸收合并或者新设合并两种。

一个公司吸收其他公司为吸收合并,被吸收的公司解散。

两个以上公司合并设立一个新的公司为新设合并,合并各方解散。

166. 公司如何合并?

公司合并,应当由合并各方签订合并协议,并编制资产负债表及财产清单。公司应当自作出合并决议之日起 10 日内通知债权人,并于 30 日内在报纸上公告。债权人自接到通知书之日起 30 日内,未接到通知书的自公告之日起 45 日内,可以要求公司清偿债务或者提供相应的担保。

公司合并时,合并各方的债权、债务,应当由合并后存续的公司或者新设的公司承继。

167. 公司如何分立?

公司分立,其财产作相应的分割。

公司分立,应当编制资产负债表及财产清单。公司应当自作出分立决议之日起 10 日内通知债权人,并于 30 日内在报纸上公告。

公司分立前的债务由分立后的公司承担连带责任。但是,公司在分立前与债权人就债务清偿达成的书面协议另有约定的除外。

168. 公司如何减资?

公司需要减少注册资本时,必须编制资产负债表及财产清单。

公司应当自作出减少注册资本决议之日起 10 日内通知债权人,并于 30 日内在报纸上公告。债权人自接到通知书之日起 30 日内,未接到通知书的自公告之日起 45 日内,有权要求公司清偿债务或者提供相应的担保。

169. 公司如何增资?

有限责任公司增加注册资本时,股东认缴新增资本的出资,依设立有限责任公司缴纳出资的有关规定执行。

股份有限公司为增加注册资本发行新股时,股东认购新股,依设立股份有限公司缴纳股款的有关规定执行。

170. 公司合并或者分立,增资或者减资,登记事项发生变更的,如何办理登记手续?

公司合并或者分立,登记事项发生变更的,应当依法向公司登记机关办理变更登记。

公司增加或者减少注册资本,应当依法向公司登记机关办理变更登记。

（七）关于公司解散、清算问题

171. 公司因什么原因可以解散？

公司因下列原因解散：

（1）公司章程规定的营业期限届满或者公司章程规定的其他解散事由出现；

（2）股东会或者股东大会决议解散；

（3）因公司合并或者分立需要解散；

（4）依法被吊销营业执照、责令关闭或者被撤销；

（5）人民法院依《公司法》的规定判决予以解散。

172. 公司如何继续存续？

公司章程规定的营业期限届满或者公司章程规定的其他解散事由出现时，公司可以通过修改公司章程而存续。

因公司存续而修改公司章程，有限责任公司须经持有 2/3 以上表决权的股东通过，股份有限公司须经出席股东大会会议的股东所持表决权的 2/3 以上通过。

公司经营管理发生严重困难，继续存续会使股东利益受到重大损失，通过其他途径不能解决的，持有公司全部股东表决权 10% 以上的股东，可以请求人民法院解散公司。

173. 公司如何解散？

公司面临依法规定而解散的情形的，应当在解散事由出现之日起 15 日内成立清算组，开始清算。

逾期不成立清算组进行清算的，债权人可以申请人民法院指定有关人员组成清算组进行清算。人民法院应当受理该申请，并及时组织清算组进行清算。

174. 公司清算组由哪些人组成？

有限责任公司的清算组由股东组成，股份有限公司的清算组由董事或者股东大会确定的人员组成。

175. 公司清算组成员有哪些义务？

（1）清算组成员应当忠于职守，依法履行清算义务。

（2）清算组成员不得利用职权收受贿赂或者其他非法收入，不得侵占公司财产。

(3) 清算组成员因故意或者重大过失给公司或者债权人造成损失的,应当承担赔偿责任。

176. 公司清算组行使哪些职权?

公司清算组在清算期间行使下列职权:

(1) 清理公司财产,分别编制资产负债表和财产清单;

(2) 通知、公告债权人;

(3) 处理与清算有关的公司未了结的业务;

(4) 清缴所欠税款以及清算过程中产生的税款;

(5) 清理债权、债务;

(6) 处理公司清偿债务后的剩余财产;

(7) 代表公司参与民事诉讼活动。

177. 公司清算的基本程序是什么?

清算组应当自成立之日起 10 日内通知债权人,并于 60 日内在报纸上公告。债权人应当自接到通知书之日起 30 日内,未接到通知书的自公告之日起 45 日内,向清算组申报其债权。

债权人申报债权,应当说明债权的有关事项,并提供证明材料。清算组应当对债权进行登记。

在申报债权期间,清算组不得对债权人进行清偿。

清算组在清理公司财产、编制资产负债表和财产清单后,应当制定清算方案,并报股东会、股东大会或者人民法院确认。

公司财产在分别支付清算费用、职工的工资、社会保险费用和法定补偿金,缴纳所欠税款,清偿公司债务后的剩余财产,有限责任公司按照股东的出资比例分配,股份有限公司按照股东持有的股份比例分配。

公司财产在未依照规定清偿前,不得分配给股东。

清算组在清理公司财产、编制资产负债表和财产清单后,发现公司财产不足清偿债务的,应当依法向人民法院申请宣告破产。

公司经人民法院裁定宣告破产后,清算组应当将清算事务移交给人民法院。

公司被依法宣告破产的,依照有关企业破产的法律实施破产清算。

公司清算结束后,清算组应当制作清算报告,报股东会、股东大会或者人民法院确认,并报送公司登记机关,申请注销公司登记,公告公司终止。

178. 清算期间,公司存续吗?

清算期间,公司存续,但不得开展与清算无关的经营活动。

（八）关于外国公司的分支机构问题

179. 外国公司如何在中国境内设立分支机构？

外国公司在中国境内设立分支机构，必须向中国主管机关提出申请，并提交其公司章程、所属国的公司登记证书等有关文件，经批准后，向公司登记机关依法办理登记，领取营业执照。

外国公司在中国境内设立分支机构，必须在中国境内指定负责该分支机构的代表人或者代理人，并向该分支机构拨付与其所从事的经营活动相适应的资金。

外国公司的分支机构应当在其名称中标明该外国公司的国籍及责任形式。

外国公司的分支机构应当在本机构中置备该外国公司章程。

180. 外国公司在中国境内设立的分支机构具有中国法人资格吗？

外国公司在中国境内设立的分支机构不具有中国法人资格。

181. 外国公司在中国境内设立的分支机构如何承担民事责任？

外国公司在中国境内设立的分支机构在中国境内进行经营活动的民事责任由外国公司承担。

182. 外国公司在中国境内设立的分支机构在中国境内从事业务，应遵守哪个国家法律？

经批准设立的外国公司分支机构，在中国境内从事业务活动，应遵守中国的法律，不得损害中国的社会公共利益，其合法权益受中国法律保护。

183. 外国公司如何撤销在中国境内设立的分支机构？

外国公司撤销其在中国境内的分支机构时，必须依法清偿债务，依照公司法有关公司清算程序的规定进行清算。

未清偿债务之前，外国公司不得将其分支机构的财产移至中国境外。

（九）关于与公司相关的法律责任问题

184. 违反《公司法》规定，虚报注册资本、提交虚假材料或者采取其他欺诈手段隐瞒重要事实取得公司登记的，需要承担什么责任？

违反《公司法》规定，虚报注册资本、提交虚假材料或者采取其他欺诈手段隐瞒重要事实取得公司登记的，由公司登记机关责令改正，对虚报注册资本的公司,处以虚报注册资本金额5%以上15%以下的罚款;对提交虚假材料或者采取其他欺诈手段隐瞒重要事实的公司,处以5万元以上50万元以下的罚款;情节严重的,撤销公司登记或者吊销营业执照。

公司的发起人、股东虚假出资,未交付或者未按期交付作为出资的货币或者非货币财产的,由公司登记机关责令改正,处以虚假出资金额5%以上15%以下的罚款。

185. 公司的发起人、股东在公司成立后,抽逃(抽回)出资的,需要承担什么责任?

公司的发起人、股东在公司成立后,抽逃(抽回)其出资的,由公司登记机关责令改正,处以所抽逃出资金额5%以上15%以下的罚款。

186. 公司在法定的会计账簿以外另立会计账簿的,需要承担什么责任?

公司违反《公司法》规定,在法定的会计账簿以外另立会计账簿的,由县级以上人民政府财政部门责令改正,处以5万元以上50万元以下的罚款。

187. 公司在财务会计报告等材料上作虚假记载或者隐瞒重要事实的,需要承担什么责任?

公司在依法向有关主管部门提供的财务会计报告等材料上作虚假记载或者隐瞒重要事实的,由有关主管部门对直接负责的主管人员和其他直接责任人员处以3万元以上30万元以下的罚款。

188. 公司不依照规定提取法定公积金的,需要承担什么责任?

公司不依照规定提取法定公积金的,由县级以上人民政府财政部门责令如数补足应当提取的金额,可以对公司处以20万元以下的罚款。

189. 公司在合并、分立、减少注册资本或者进行清算时,未依法通知或者公告债权人的,需要承担什么责任?

公司在合并、分立、减少注册资本或者进行清算时,不依法通知或者公告债权人的,由公司登记机关责令改正,对公司处以1万元以上10万元以下的罚款。

190. 公司在进行清算时,隐匿财产,对资产负债表或者财产清单作虚假记载或者在未清偿债务前分配公司财产的,需要承担什么责任?

公司在进行清算时,隐匿财产,对资产负债表或者财产清单作虚假记载或者在未清偿债务前分配公司财产的,由公司登记机关责令改正,对公司处以隐匿财产或者未清偿债务前分配公司财产金额 5% 以上 10% 以下的罚款;对直接负责的主管人员和其他直接责任人员处以 1 万元以上 10 万元以下的罚款。

191. 公司在清算期间开展与清算无关的经营活动的,需要承担什么责任?

公司在清算期间开展与清算无关的经营活动的,由公司登记机关予以警告,没收违法所得。

192. 清算组不依照《公司法》规定向公司登记机关报送清算报告,或者报送清算报告隐瞒重要事实或者有重大遗漏的,需要承担什么责任?

清算组不依照《公司法》规定向公司登记机关报送清算报告,或者报送清算报告隐瞒重要事实或者有重大遗漏的,由公司登记机关责令改正。

193. 清算组成员利用职权徇私舞弊、谋取非法收入或者侵占公司财产的,需要承担什么责任?

清算组成员利用职权徇私舞弊、谋取非法收入或者侵占公司财产的,由公司登记机关责令退还公司财产,没收违法所得,并可以处以违法所得 1 倍以上 5 倍以下的罚款。

194. 为公司提供资产评估、验资或者验证的机构提供虚假材料的,需要承担什么责任?

为公司提供资产评估、验资或者验证的机构提供虚假材料的,由公司登记机关没收违法所得,处以违法所得 1 倍以上 5 倍以下的罚款,并可以由有关主管部门依法责令该机构停业、吊销直接责任人员的资格证书,吊销营业执照。

承担资产评估、验资或者验证的机构因过失提供有重大遗漏的报告的,由公司登记机关责令改正,情节较重的,处以所得收入 1 倍以上 5 倍以下的罚款,并可以由有关主管部门依法责令该机构停业、吊销直接责任人员的资格证书,吊销营业执照。

承担资产评估、验资或者验证的机构因其出具的评估结果、验资或者验证证明不实,给公司债权人造成损失的,除能够证明自己没有过错的外,在其评估或者证明不实的金额范围内承担赔偿责任。

195. 未依法登记为有限责任公司或者股份有限公司,而冒用有限责任公司或者股份有限公司名义的,或者未依法登记为有限责任公司或者股份有限公司的分公司,而冒用有限责任公司或者股份有限公司的分公司名义的,需要承担什么责任?

未依法登记为有限责任公司或者股份有限公司,而冒用有限责任公司或者股份有限公司名义的,或者未依法登记为有限责任公司或者股份有限公司的分公司,而冒用有限责任公司或者股份有限公司的分公司名义的,由公司登记机关责令改正或者予以取缔,可以并处 10 万元以下的罚款。

196. 公司成立后无正当理由超过 6 个月未开业或者开业后自行停业连续 6 个月以上的,如何处理?

公司成立后无正当理由超过 6 个月未开业或者开业后自行停业连续 6 个月以上的,可以由公司登记机关吊销营业执照。

197. 公司登记事项发生变更时,未依法规定办理有关变更登记的,如何处理?

公司登记事项发生变更时,未依法办理有关变更登记的,由公司登记机关责令限期登记;逾期不登记的,处以 1 万元以上 10 万元以下的罚款。

198. 外国公司擅自在中国境内设立分支机构的,如何处理?

外国公司擅自在中国境内设立分支机构的,由公司登记机关责令改正或者关闭,可以并处 5 万元以上 20 万元以下的罚款。

199. 公司应当承担民事赔偿责任和缴纳罚款、罚金,当其财产不足以全额支付时,如何处理?

公司应当承担民事赔偿责任和缴纳罚款、罚金,当其财产不足以全额支付时,应先承担民事赔偿责任。

200. 公司或公司股东、法定代表人、董事、监事、高级管理人员,违反《公司法》等法律规定,涉嫌构成犯罪的,如何处理?

公司或公司股东、法定代表人、董事、监事、高级管理人员,违反《公司法》等法律规定,涉嫌构成犯罪的,构成犯罪的,将依刑事法律规定,追究刑事责任。

三、问合伙

（一）关于合伙的基本问题

1. 如何申请设立合伙企业？

申请设立合伙企业，应当向企业登记机关提交登记申请书、合伙协议书、合伙人身份证明等文件。

合伙企业的经营范围中有属于法律、行政法规规定在登记前须经批准的项目的，该项经营业务应当依法经过批准，并在登记时提交批准文件。

申请人提交的登记申请材料齐全、符合法定形式，企业登记机关能够当场登记的，应予当场登记，发给营业执照。不能当场登记的，企业登记机关应当自受理申请之日起 20 日内，作出是否登记的决定。予以登记的，发给营业执照；不予登记的，应当给予书面答复，并说明理由。

2. 如何订立合伙协议？

订立合伙协议、设立合伙企业，应当遵循自愿、平等、公平、诚实信用原则。

合伙协议依法由全体合伙人协商一致、以书面形式订立。

3. 合伙企业如何缴纳税收？

合伙企业的生产经营所得和其他所得，按照国家有关税收规定，由合伙人分别缴纳所得税。

4. 合伙企业经营原则是什么？

合伙企业及其合伙人必须遵守法律、行政法规，遵守社会公德、商业道德，承担社会责任。

合伙企业及其合伙人的合法财产及其权益受法律保护。

5. 国有独资公司、国有企业、上市公司以及公益性的事业单位、社会团体可以成为合伙企业的普通合伙人吗？

国有独资公司、国有企业、上市公司以及公益性的事业单位、社会团体不得成为普通合伙人。

6. 如何确定合伙企业成立的日期?

合伙企业的营业执照签发日期,为合伙企业成立日期。

7. 合伙企业领取营业执照前,合伙人可以合伙企业名义从事合伙业务吗?

合伙企业领取营业执照前,合伙人不得以合伙企业名义从事合伙业务。

8. 合伙企业可以设立分支机构吗?

合伙企业可以设立分支机构。

合伙企业设立分支机构,应当向分支机构所在地的企业登记机关申请登记,领取营业执照。

9. 合伙企业登记事项发生变更的,如何处理?

合伙企业登记事项发生变更的,执行合伙事务的合伙人应当自作出变更决定或者发生变更事由之日起 15 日内,向企业登记机关申请办理变更登记。

(二) 关于普通合伙企业的问题

10. 设立合伙企业,应当具备哪些条件?

设立合伙企业,应当具备下列条件:
(1) 有两个以上合伙人。合伙人为自然人的,应当具有完全民事行为能力;
(2) 有书面合伙协议;
(3) 有合伙人认缴或者实际缴付的出资;
(4) 有合伙企业的名称和生产经营场所;
(5) 法律、行政法规规定的其他条件。

11. 如何确定一个企业为普通合伙企业?

登记机构在核准给予合伙企业名称中标明"普通合伙"字样,合伙企业营业执照中载明的合伙企业的名称中也列明"普通合伙"字样。

12. 合伙人可以哪些方式出资?

合伙人可以用货币、实物、知识产权、土地使用权或者其他财产权利出资,也可以用劳务出资。

合伙人以实物、知识产权、土地使用权或者其他财产权利出资,需要评估作价的,可以由全体合伙人协商确定,也可以由全体合伙人委托法定评估机构评估。

合伙人以劳务出资的,其评估办法由全体合伙人协商确定,并在合伙协议中载明。

合伙人应当按照合伙协议约定的出资方式、数额和缴付期限,履行出资义务。

以非货币财产出资的,依照法律、行政法规的规定,需要办理财产权转移手续的,应当依法办理。

13. 合伙协议应当载明哪些事项?

合伙协议应当载明下列事项:
(1)合伙企业的名称和主要经营场所的地点;
(2)合伙目的和合伙经营范围;
(3)合伙人的姓名或者名称、住所;
(4)合伙人的出资方式、数额和缴付期限;
(5)利润分配、亏损分担方式;
(6)合伙事务的执行;
(7)入伙与退伙;
(8)争议解决办法;
(9)合伙企业的解散与清算;
(10)违约责任。

14. 如何签订、补充、修改合伙协议?

合伙协议经全体合伙人签名、盖章后生效。

修改或者补充合伙协议,应当经全体合伙人一致同意;但是,合伙协议另有约定的除外。

合伙协议未约定或者约定不明确的事项,由合伙人协商决定;协商不成的,依照有关法律、行政法规的规定处理。

15. 合伙企业合伙人依据什么享有权利、履行义务?

合伙人按照合伙协议约定享有权利,履行义务。

16. 哪些资产为合伙企业所有?

合伙人的出资、以合伙企业名义取得的收益和依法取得的其他财产,均为合伙企业的财产。

合伙人在合伙企业清算前,不得请求分割合伙企业的财产。

合伙人在合伙企业清算前私自转移或者处分合伙企业财产的,合伙企业不得以此对抗善意第三人。

17. 合伙企业合伙人如何转让合伙份额?

除合伙协议另有约定外,合伙人向合伙人以外的人转让其在合伙企业中的全部或者部分财产份额时,须经其他合伙人一致同意。

合伙人之间转让在合伙企业中的全部或者部分财产份额时,应当通知其他合伙人。

合伙人向合伙人以外的人转让其在合伙企业中的财产份额的,在同等条件下,其他合伙人有优先购买权;但是,合伙协议另有约定的除外。

合伙人以外的人依法受让合伙人在合伙企业中的财产份额的,经修改合伙协议即成为合伙企业的合伙人,依法按照修改后的合伙协议享有权利,履行义务。

18. 合伙人以其在合伙企业中的财产份额出质的,如何决定?

合伙人以其在合伙企业中的财产份额出质的,须经其他合伙人一致同意;未经其他合伙人一致同意,其行为无效,由此给善意第三人造成损失的,由行为人依法承担赔偿责任。

19. 如何执行合伙事务?

合伙人对执行合伙事务享有同等的权利。

按照合伙协议的约定或者经全体合伙人决定,可以委托一个或者数个合伙人对外代表合伙企业,执行合伙事务。

依法委托一个或者数个合伙人执行合伙事务的,其他合伙人不再执行合伙事务。

作为合伙人的法人、其他组织执行合伙事务的,由其委派的代表执行。

20. 不执行合伙事务的合伙人如何监督和了解合伙事务执行情况?

不执行合伙事务的合伙人有权监督执行事务合伙人执行合伙事务的情况。

由一个或者数个合伙人执行合伙事务的,执行事务合伙人应当定期向其他合伙人报告事务执行情况以及合伙企业的经营和财务状况,其执行合伙事务所产生的收益归合伙企业,所产生的费用和亏损由合伙企业承担。

合伙人为了解合伙企业的经营状况和财务状况,有权查阅合伙企业会计账簿等财务资料。

合伙人分别执行合伙事务的,执行事务合伙人可以对其他合伙人执行的事务提出异议。提出异议时,应当暂停该项事务的执行。如果发生争议,依照《合伙企业法》第 30 条规定作出决定。

受委托执行合伙事务的合伙人不按照合伙协议或者全体合伙人的决定执行事务的,其他合伙人可以决定撤销该委托。

21. 合伙人如何对合伙企业有关事项作出决议?

合伙人对合伙企业有关事项作出决议,按照合伙协议约定的表决办法办理。合伙协议未约定或者约定不明确的,实行合伙人一人一票并经全体合伙人过半数通过的表决办法。

22. 哪些事项需要经全体合伙人一致同意?

除合伙协议另有约定外,合伙企业的下列事项应当经全体合伙人一致同意:
(1) 改变合伙企业的名称;
(2) 改变合伙企业的经营范围、主要经营场所的地点;
(3) 处分合伙企业的不动产;
(4) 转让或者处分合伙企业的知识产权和其他财产权利;
(5) 以合伙企业名义为他人提供担保;
(6) 聘任合伙人以外的人担任合伙企业的经营管理人员。

23. 合伙人可以自营或者同他人合作经营与合伙企业相竞争的业务吗?

合伙人不得自营或者同他人合作经营与本合伙企业相竞争的业务。

24. 合伙人可以同合伙企业进行交易吗?

除合伙协议另有约定或者经全体合伙人一致同意外,合伙人不得同本合伙企业进行交易。

25. 合伙企业的利润如何分配、亏损如何分担?

合伙企业的利润分配、亏损分担,按照合伙协议的约定办理;合伙协议未约定或者约定不明确的,由合伙人协商决定;协商不成的,由合伙人按照实缴出资比例分配、分担;无法确定出资比例的,由合伙人平均分配、分担。

合伙协议不得约定将全部利润分配给部分合伙人或者由部分合伙人承担全部亏损。

26. 合伙人增加或者减少对合伙企业的出资如何决定?

合伙人按照合伙协议的约定或者经全体合伙人决定,可以增加或者减少对合伙企业的出资。

27. 被聘任的合伙企业的经营管理人员应当如何履行职务？

被聘任的合伙企业的经营管理人员应当在合伙企业授权范围内履行职务。

被聘任的合伙企业的经营管理人员,超越合伙企业授权范围履行职务,或者在履行职务过程中因故意或者重大过失给合伙企业造成损失的,依法承担赔偿责任。

28. 合伙企业对合伙人执行合伙事务以及对外代表合伙企业权利的限制,是否可以对抗善意第三人？

合伙企业对合伙人执行合伙事务以及对外代表合伙企业权利的限制,不得对抗善意第三人。

29. 合伙企业如何清偿债务？

合伙企业对其债务,应先以其全部财产进行清偿。

合伙企业不能清偿到期债务的,合伙人承担无限连带责任。

合伙人由于承担无限连带责任,清偿数额超过分担比例的,有权向其他合伙人追偿。

30. 合伙人发生与合伙企业无关的债务,相关债权人可以以其债权抵消其对合伙企业的债务吗？可以代位行使合伙人在合伙企业中的权利吗？

合伙人发生与合伙企业无关的债务,相关债权人不得以其债权抵消其对合伙企业的债务;也不得代位行使合伙人在合伙企业中的权利。

合伙人的自有财产不足清偿其与合伙企业无关的债务的,该合伙人可以以其从合伙企业中分取的收益用于清偿;债权人也可以依法请求人民法院强制执行该合伙人在合伙企业中的财产份额用于清偿。

人民法院强制执行合伙人的财产份额时,应当通知全体合伙人,其他合伙人有优先购买权;其他合伙人未购买,又不同意将该财产份额转让给他人的,依法为该合伙人办理退伙结算,或者办理削减该合伙人相应财产份额的结算。

31. 新合伙人入伙,如何办理？

新合伙人入伙,除合伙协议另有约定外,应当经全体合伙人一致同意,并依法订立书面入伙协议。

订立入伙协议时,原合伙人应当向新合伙人如实告知原合伙企业的经营状况和财务状况。

32. 新入伙合伙人如何享有权利？如何承担责任？

入伙的新合伙人与原合伙人享有同等权利,承担同等责任。入伙协议另有约定的,从其约定。

新合伙人对入伙前合伙企业的债务承担无限连带责任。

33. 什么条件下,合伙人可以退伙？

合伙协议约定合伙期限的,在合伙企业存续期间,有下列情形之一的,合伙人可以退伙:

(1) 合伙协议约定的退伙事由出现;

(2) 经全体合伙人一致同意;

(3) 发生合伙人难以继续参加合伙的事由;

(4) 其他合伙人严重违反合伙协议约定的义务。

合伙协议未约定合伙期限的,合伙人在不给合伙企业事务执行造成不利影响的情况下,可以退伙,但应当提前 30 日通知其他合伙人。

合伙人违反规定退伙的,应当赔偿由此给合伙企业造成的损失。

34. 合伙人在什么情形下当然退伙？

合伙人有下列情形之一的,当然退伙:

(1) 作为合伙人的自然人死亡或者被依法宣告死亡;

(2) 个人丧失偿债能力;

(3) 作为合伙人的法人或者其他组织依法被吊销营业执照、责令关闭、撤销,或者被宣告破产;

(4) 法律规定或者合伙协议约定合伙人必须具有相关资格而丧失该资格;

(5) 合伙人在合伙企业中的全部财产份额被人民法院强制执行。

35. 合伙人被依法认定为无民事行为能力人或者限制民事行为能力人的,如何处理？

合伙人被依法认定为无民事行为能力人或者限制民事行为能力人的,经其他合伙人一致同意,可以依法转为有限合伙人,普通合伙企业依法转为有限合伙企业。其他合伙人未能一致同意的,该无民事行为能力或者限制民事行为能力的合伙人退伙。

36. 如何确定退伙生效日？

退伙事由实际发生之日为退伙生效日。

37. 什么情形下,合伙人可以被除名?

合伙人有下列情形之一的,经其他合伙人一致同意,可以决议将其除名:

(1) 未履行出资义务;

(2) 因故意或者重大过失给合伙企业造成损失;

(3) 执行合伙事务时有不正当行为;

(4) 发生合伙协议约定的事由。

对合伙人的除名决议应当书面通知被除名人。被除名人接到除名通知之日,除名生效,被除名人退伙。

被除名人对除名决议有异议的,可以自接到除名通知之日起 30 日内,向人民法院起诉。

38. 合伙人死亡或者被依法宣告死亡的,其合伙份额如何处理?

合伙人死亡或者被依法宣告死亡的,对该合伙人在合伙企业中的财产份额享有合法继承权的继承人,按照合伙协议的约定或者经全体合伙人一致同意,从继承开始之日起,取得该合伙企业的合伙人资格。

有下列情形之一的,合伙企业应当向合伙人的继承人退还被继承合伙人的财产份额:

(1) 继承人不愿意成为合伙人;

(2) 法律规定或者合伙协议约定合伙人必须具有相关资格,而该继承人未取得该资格;

(3) 合伙协议约定不能成为合伙人的其他情形。

合伙人的继承人为无民事行为能力人或者限制民事行为能力人的,经全体合伙人一致同意,可以依法成为有限合伙人,普通合伙企业依法转为有限合伙企业。全体合伙人未能一致同意的,合伙企业应当将被继承合伙人的财产份额退还该继承人。

39. 合伙人退伙,如何结算?

合伙人退伙,其他合伙人应当与该退伙人按照退伙时的合伙企业财产状况进行结算,退还退伙人的财产份额。退伙人对给合伙企业造成的损失负有赔偿责任的,相应扣减其应当赔偿的数额。

退伙时有未了结的合伙企业事务的,待该事务了结后进行结算。

40. 退伙人在合伙企业中财产份额以什么方式退还?

退伙人在合伙企业中财产份额的退还办法,由合伙协议约定或者由全体合伙人决定,可以退还货币,也可以退还实物。

41. 退伙人对退伙前的合伙企业债务，如何承担责任？

退伙人对基于其退伙前的原因发生的合伙企业债务，承担无限连带责任。

合伙人退伙时，合伙企业财产少于合伙企业债务的，退伙人应当依法分担亏损。

（三）关于特殊的普通合伙企业的问题

42. 什么机构可以设立特殊的普通合伙企业？

以专业知识和专门技能为客户提供有偿服务的专业服务机构，可以设立为特殊的普通合伙企业。

43. 如何识别特殊的普通合伙企业？

特殊的普通合伙企业名称中应当标明"特殊普通合伙"字样。

44. 特殊的普通合伙企业承担责任的原则是什么？

一个合伙人或者数个合伙人在执业活动中因故意或者重大过失造成合伙企业债务的，应当承担无限责任或者无限连带责任，其他合伙人以其在合伙企业中的财产份额为限承担责任。

合伙人在执业活动中非因故意或者重大过失造成的合伙企业债务以及合伙企业的其他债务，由全体合伙人承担无限连带责任。

合伙人执业活动中因故意或者重大过失造成的合伙企业债务，以合伙企业财产对外承担责任后，该合伙人应当按照合伙协议的约定对给合伙企业造成的损失承担赔偿责任。

45. 特殊的普通合伙企业应当办理职业保险吗？

特殊的普通合伙企业应当建立执业风险基金，办理职业保险。

执业风险基金用于偿付合伙人执业活动造成的债务。

执业风险基金应当单独立户管理。

（四）关于有限合伙企业的问题

46. 设立有限合伙企业的合伙人有哪些特别要求？

有限合伙企业由 2 个以上 50 个以下合伙人设立；但是，法律另有规定的除外。

有限合伙企业至少应当有一个普通合伙人。

47. 如何识别一个企业为有限合伙企业?

有限合伙企业名称中应当标明"有限合伙"字样。其营业执照中载明的企业名称中亦有"有限合伙"字样。

48. 有限合伙企业的合伙协议有哪些需要特别载明的事项?

有限合伙企业的合伙协议除具备一般合伙企业的合伙协议规定外,还应当特别载明下列事项:

(1) 普通合伙人和有限合伙人的姓名或者名称、住所;

(2) 执行事务合伙人应具备的条件和选择程序;

(3) 执行事务合伙人权限与违约处理办法;

(4) 执行事务合伙人的除名条件和更换程序;

(5) 有限合伙人入伙、退伙的条件、程序以及相关责任;

(6) 有限合伙人和普通合伙人相互转变程序。

49. 有限合伙人可以什么方式出资?

有限合伙人可以用货币、实物、知识产权、土地使用权或者其他财产权利作价出资。

有限合伙人不得以劳务出资。

50. 有限合伙人未按期足额缴纳出资的,如何承担责任?

有限合伙人应当按照合伙协议的约定按期足额缴纳出资;未按期足额缴纳的,应当承担补缴义务,并对其他合伙人承担违约责任。

有限合伙企业登记事项中应当载明有限合伙人的姓名或者名称及认缴的出资数额。

51. 有限合伙企业由谁执行合伙事务? 其报酬如何提取?

有限合伙企业由普通合伙人执行合伙事务。

执行事务合伙人可以要求在合伙协议中确定执行事务的报酬及报酬提取方式。

52. 有限合伙企业的有限合伙人可以执行合伙事务吗?

有限合伙人不执行合伙事务,不得对外代表有限合伙企业。

有限合伙人的下列行为,不视为执行合伙事务:

（1）参与决定普通合伙人入伙、退伙；

（2）对企业的经营管理提出建议；

（3）参与选择承办有限合伙企业审计业务的会计师事务所；

（4）获取经审计的有限合伙企业财务会计报告；

（5）对涉及自身利益的情况，查阅有限合伙企业财务会计账簿等财务资料；

（6）在有限合伙企业中的利益受到侵害时，向有责任的合伙人主张权利或者提起诉讼；

（7）执行事务合伙人怠于行使权利时，督促其行使权利或者为了本企业的利益以自己的名义提起诉讼；

（8）依法为本企业提供担保。

53. 有限合伙企业可以将全部利润分配给部分合伙人吗？

除非合伙协议有特别约定，否则，有限合伙企业不得将全部利润分配给部分合伙人。

54. 有限合伙人可以同本有限合伙企业进行交易吗？

有限合伙人可以同本有限合伙企业进行交易；但是，合伙协议另有约定的除外。

55. 有限合伙人可以自营或者同他人合作经营与本有限合伙企业相竞争的业务吗？

有限合伙人可以自营或者同他人合作经营与本有限合伙企业相竞争的业务；但是，合伙协议另有约定的除外。

56. 有限合伙人可以将其在有限合伙企业中的财产份额出质吗？

有限合伙人可以将其在有限合伙企业中的财产份额出质；但是，合伙协议另有约定的除外。

57. 有限合伙人可以向合伙人以外的人转让其在有限合伙企业中的财产份额吗？

有限合伙人可以按照合伙协议的约定向合伙人以外的人转让其在有限合伙企业中的财产份额，但应当提前 30 日通知其他合伙人。

58. 有限合伙人的自有财产不足清偿其与合伙企业无关的债务，涉及该有限合伙人在合伙企业的财产份额的，如何处理？

有限合伙人的自有财产不足清偿其与合伙企业无关的债务的，该合伙人可以以其从有限合伙企业中分取的收益用于清偿;债权人也可以依法请求人民法院强制执行该合伙人在有限合伙企业中的财产份额用于清偿。

人民法院强制执行有限合伙人的财产份额时,应当通知全体合伙人。在同等条件下,其他合伙人有优先购买权。

59. 有限合伙企业仅剩有限合伙人的,如何处理?

有限合伙企业仅剩有限合伙人的,应当解散。

60. 有限合伙企业仅剩普通合伙人的,如何处理?

有限合伙企业仅剩普通合伙人的,转为普通合伙企业。

61. 第三人有理由相信有限合伙人为普通合伙人并与其交易的,责任如何承担?

第三人有理由相信有限合伙人为普通合伙人并与其交易的,该有限合伙人对该笔交易承担与普通合伙人同样的责任。

62. 有限合伙人未经授权以有限合伙企业名义与他人进行交易,给有限合伙企业或者其他合伙人造成损失的,责任如何承担?

有限合伙人未经授权以有限合伙企业名义与他人进行交易,给有限合伙企业或者其他合伙人造成损失的,该有限合伙人应当承担赔偿责任。

63. 新入伙的有限合伙人是否承担入伙前有限合伙企业的债务?

新入伙的有限合伙人对入伙前有限合伙企业的债务,以其认缴的出资额为限承担责任。

64. 有限合伙人的自然人在有限合伙企业存续期间丧失民事行为能力的,是否可以要求其退伙?

作为有限合伙人的自然人在有限合伙企业存续期间丧失民事行为能力的,其他合伙人不得因此要求其退伙。

65. 有限合伙人的自然人死亡、被依法宣告死亡或者作为有限合伙人的法人及其他组织终止时,如何处理?

作为有限合伙人的自然人死亡、被依法宣告死亡或者作为有限合伙人的法人及其他组织终止时,其继承人或者权利承受人可以依法取得该有限合伙人在有限合伙企业中的资格。

66. 有限合伙人退伙后,对基于其退伙前的原因发生的有限合伙企业债务如何处理?

有限合伙人退伙后,对基于其退伙前的原因发生的有限合伙企业债务,以其退伙时从有限合伙企业中取回的财产承担责任。

67. 普通合伙人转为有限合伙人或有限合伙人转为普通合伙人,如何表决?

除合伙协议另有约定外,普通合伙人转变为有限合伙人,或者有限合伙人转变为普通合伙人,应当经全体合伙人一致同意。

68. 普通合伙人转为有限合伙人或有限合伙人转为普通合伙人,责任如何承担?

有限合伙人转为普通合伙人的,对其作为有限合伙人期间有限合伙企业发生的债务承担无限连带责任。

普通合伙人转为有限合伙人的,对其作为普通合伙人期间合伙企业发生的债务承担无限连带责任。

(五) 关于合伙企业解散、清算的问题

69. 合伙企业面临什么情形时,应当解散?

合伙企业有下列情形之一的,应当解散:
(1) 合伙期限届满,合伙人决定不再经营;
(2) 合伙协议约定的解散事由出现;
(3) 全体合伙人决定解散;
(4) 合伙人已不具备法定人数满 30 天;
(5) 合伙协议约定的合伙目的已经实现或者无法实现;
(6) 依法被吊销营业执照、责令关闭或者被撤销;
(7) 法律、行政法规规定的其他原因。

70. 合伙企业解散,应如何进行?

合伙企业解散,应当由清算人进行清算。

清算人由全体合伙人担任;经全体合伙人过半数同意,可以自合伙企业解散事由出现后 15 日内指定一个或者数个合伙人,或者委托第三人,担任清算人。

自合伙企业解散事由出现之日起 15 日内未确定清算人的,合伙人或者其他利害关系人可以申请人民法院指定清算人。

71. 合伙企业清算人在清算期间可以执行哪些事务?

清算人在清算期间执行下列事务:
(1) 清理合伙企业财产,分别编制资产负债表和财产清单;
(2) 处理与清算有关的合伙企业未了结事务;
(3) 清缴所欠税款;
(4) 清理债权、债务;
(5) 处理合伙企业清偿债务后的剩余财产;
(6) 代表合伙企业参加诉讼或者仲裁活动。

72. 合伙企业清算时,债权人如何申报债权?

清算人自被确定之日起 10 日内将合伙企业解散事项通知债权人,并于 60 日内在报纸上公告。

债权人应当自接到通知书之日起 30 日内,未接到通知书的自公告之日起 45 日内,向清算人申报债权。

债权人申报债权,应当说明债权的有关事项,并提供证明材料。清算人应当对债权进行登记。

73. 清算期间,合伙企业存续吗?

清算期间,合伙企业存续,但不得开展与清算无关的经营活动。

74. 合伙企业清算财产,如何分配?

合伙企业财产在支付清算费用和职工工资、社会保险费用、法定补偿金以及缴纳所欠税款、清偿债务后的剩余财产,合伙企业的利润分配、亏损分担,按照合伙协议的约定办理。

合伙协议未约定或者约定不明确的,由合伙人协商决定。

协商不成的,由合伙人按照实缴出资比例分配、分担;无法确定出资比例的,由合伙人平均分配、分担。

75. 合伙企业清算结束后,如何办理注销?

合伙企业清算结束,清算人应当编制清算报告,经全体合伙人签名、盖章后,在 15 日内向企业登记机关报送清算报告,申请办理合伙企业注销登记。

76. 合伙企业注销后,原合伙人还需承担责任吗?

合伙企业注销后,原普通合伙人对合伙企业存续期间的债务仍应承担无限连带责任。

77. 合伙企业不能清偿到期债务的,如何处理?

合伙企业不能清偿到期债务的,债权人可以依法向人民法院提出破产清算申请,也可以要求普通合伙人清偿。

合伙企业依法被宣告破产的,普通合伙人对合伙企业债务仍应承担无限连带责任。

(六) 关于与合伙企业相关的法律责任问题

78. 提交虚假文件或者采取其他欺骗手段,取得合伙企业登记的,承担什么责任?

提交虚假文件或者采取其他欺骗手段,取得合伙企业登记的,由企业登记机关责令改正,处以 5 000 元以上 5 万元以下的罚款;情节严重的,撤销企业登记,并处以 5 万元以上 20 万元以下的罚款。

79. 合伙企业未在其名称中标明"普通合伙""特殊普通合伙"或"有限合伙"字样的,承担什么责任?

合伙企业未在其名称中标明"普通合伙""特殊普通合伙"或者"有限合伙"字样的,由企业登记机关责令限期改正,处以 2 000 元以上 1 万元以下的罚款。

80. 未领取营业执照,而以合伙企业或者合伙企业分支机构名义从事合伙业务的,承担什么责任?

未领取营业执照,而以合伙企业或者合伙企业分支机构名义从事合伙业务的,由企业登记机关责令停止,处以 5 000 元以上 5 万元以下的罚款。

81. 合伙企业登记事项发生变更时,未依照规定办理变更登记的,承担什么责任?

合伙企业登记事项发生变更时,未依法办理变更登记的,由企业登记机关责令限期登记;逾期不登记的,处以 2 000 元以上 2 万元以下的罚款。

合伙企业登记事项发生变更,执行合伙事务的合伙人未按期申请办理变更登记的,应当赔偿由此给合伙企业、其他合伙人或者善意第三人造成的损失。

82. 合伙人执行合伙事务,或者合伙企业从业人员利用职务上的便利,侵占合伙企业财产的,承担什么责任?

合伙人执行合伙事务,或者合伙企业从业人员利用职务上的便利,将应当归合伙企业的利益据为己有的,或者采取其他手段侵占合伙企业财产的,应当将该利益和财产退还合伙企业;给合伙企业或者其他合伙人造成损失的,依法承担赔偿责任。

83. 不具有事务执行权的合伙人擅自执行合伙事务或合伙人对法律规定或合伙协议约定必须经全体合伙人一致同意才能执行的事务擅自处理的,承担什么责任?

不具有事务执行权的合伙人擅自执行合伙事务,给合伙企业或者其他合伙人造成损失的,依法承担赔偿责任。

合伙人对法律规定或合伙协议约定必须经全体合伙人一致同意才能执行的事务擅自处理,给合伙企业或者其他合伙人造成损失的,依法承担赔偿责任。

84. 合伙人违反法律规定或者合伙协议的约定,从事与本合伙企业相竞争的业务或者与本合伙企业进行交易的,承担什么责任?

合伙人违反法律规定或者合伙协议的约定,从事与本合伙企业相竞争的业务或者与本合伙企业进行交易的,该收益归合伙企业所有;给合伙企业或者其他合伙人造成损失的,依法承担赔偿责任。

85. 合伙企业清算人未依法向企业登记机关报送清算报告,或者报送清算报告隐瞒重要事实,或者有重大遗漏的,承担什么责任?

清算人未依法向企业登记机关报送清算报告,或者报送清算报告隐瞒重要事实,或者有重大遗漏的,由企业登记机关责令改正。由此产生的费用和损失,由清算人承担和赔偿。

86. 合伙企业清算人执行清算事务违规的,承担什么责任?

清算人执行清算事务,牟取非法收入或者侵占合伙企业财产的,应当将该收入和侵占的财产退还合伙企业;给合伙企业或者其他合伙人造成损失的,依法承担赔偿责任。

清算人违反法律规定,隐匿、转移合伙企业财产,对资产负债表或者财产清单作虚假记载,或者在未清偿债务前分配财产,损害债权人利益的,依法承担赔偿责任。

87. 合伙人违反合伙协议的,承担什么责任?

合伙人违反合伙协议的,应当依法承担违约责任。

合伙人履行合伙协议发生争议的,合伙人可以通过协商或者调解解决。

不愿通过协商、调解解决或者协商、调解不成的,可以按照合伙协议约定的仲裁条款或者事后达成的书面仲裁协议,向仲裁机构申请仲裁。

合伙协议中未订立仲裁条款,事后又没有达成书面仲裁协议的,可以向人民法院起诉。

88. 合伙企业相关人员,违反法律规定,涉嫌构成犯罪的,如何处理?

合伙企业相关人员,违反法律规定,涉嫌构成犯罪的,将由司法机关依法追究刑事责任。

89. 违反《合伙企业法》,应当承担民事赔偿责任和缴纳罚款、罚金,当其财产不足以全额支付时,如何处理?

违反《合伙企业法》规定,应当承担民事赔偿责任和缴纳罚款、罚金,当财产不足以同时支付的,应当先承担民事赔偿责任。

四、问合资

1. 哪些人可以举办中外合资经营企业?

外国公司、企业和其他经济组织或个人(外国合营者),中国的公司、企业或其他经济组织(中国合营者),可以共同举办中外合资经营企业(合营企业)。

2. 中外合资经营企业应遵守哪一个国家的法律?

中外合资经营企业的一切活动应遵守中华人民共和国法律、法规的规定。

3. 中外合资经营企业如何设立?

中外合资经营企业合营各方签订的合营协议、合同、章程,报国家对外经济贸易主管部门审查批准。

审查批准机关应在 3 个月内决定批准或不批准。

合营企业经批准后,向国家工商行政管理主管部门登记,领取营业执照,开始营业。

4. 中外合资经营企业可以采用何种形式?

中外合资经营企业的形式为有限责任公司。

5. 中外合资经营企业的注册资本中,外国合营者的投资比例一般不低于多少?

中外合资经营企业的注册资本中,外国合营者的投资比例一般不低于 25%。

6. 中外合资经营企业的合营各方如何分享利润和分担风险?

中外合资经营企业的合营各方按注册资本比例分享利润和分担风险及亏损。

7. 中外合资经营企业的合营者如果转让合营者的注册资本,如何决策?

中外合资经营企业合营者的注册资本如果转让必须经合营各方同意。

8. 中外合资经营企业的合营者可以什么方式投资?

中外合资经营企业的合营各方可以现金、实物、工业产权等进行投资。

外国合营者作为投资的技术和设备,必须确实是适合我国需要的先进技术和设备。如果有意以落后的技术和设备进行欺骗,造成损失的,应赔偿损失。

中国合营者的投资可包括为合营企业经营期间提供的场地使用权。如果场地使用权未作为中国合营者投资的一部分,合营企业应向中国政府缴纳使用费。

合营各方各项投资应在合营企业的合同和章程中加以规定,其价格(场地除外)由合营各方评议商定。

9. 中外合资经营企业如何设立董事会?

中外合资经营企业设董事会,其人数组成由合营各方协商,在合同、章程中确定,并由合营各方委派和撤换。

董事长和副董事长由合营各方协商确定或由董事会选举产生。

中外合营者的一方担任董事长的,由他方担任副董事长。董事会根据平等互利的原则,决定合营企业的重大问题。

10. 中外合资经营企业董事会的职权有哪些?

中外合资经营企业董事会的职权是按合营企业章程规定,讨论决定合营企业的一切重大问题:企业发展规划、生产经营活动方案、收支预算、利润分配、劳动工资计划、停业,以及总经理、副总经理、总工程师、总会计师、审计师的任命或聘请及其职权和待遇等。

正副总经理(或正副厂长)由合营各方分别担任。

11. 中外合资经营企业员工的录用等事项如何处理?

中外合资经营企业职工的录用、辞退、报酬、福利、劳动保护、劳动保险等事项,应当依法通过订立合同加以规定。

中外合资经营企业的职工依法建立工会组织,开展工会活动,维护职工的合法权益。

合营企业应当为本企业工会提供必要的活动条件。

12. 中外合资经营企业获得的利润如何分配?

合营企业获得的毛利润,按中华人民共和国税法规定缴纳合营企业所得税后,扣除合营企业章程规定的储备基金、职工奖励及福利基金、企业发展基金,净利润后,根据合营各方注册资本的比例进行分配。

中外合资经营企业依照国家有关税收的法律和行政法规的规定,可以享受减税、免税的优惠待遇。

外国合营者将分得的净利润用于在中国境内再投资时,可申请退还已缴纳的部分所得税。

13. 中外合资经营企业如何开立外汇账户?

中外合资经营企业应凭营业执照在国家外汇管理机关允许经营外汇业务的银行或其他金融机构开立外汇账户。

中外合资经营企业的有关外汇事宜,应遵照我国《外汇管理条例》办理。

14. 中外合资经营企业在其经营活动中,可直接向外国银行筹措资金吗?

中外合资经营企业在其经营活动中,可直接向外国银行筹措资金。

15. 中外合资经营企业可以向哪些保险机构购买保险?

中外合资合营企业的各项保险应向中国境内的保险公司投保。

16. 中外合资经营企业所需的原材料、燃料等物资可以向境内外购买吗?

中外合资经营企业在批准的经营范围内所需的原材料、燃料等物资,按照公平、合理的原则,可以在国内市场购买,也可以在国际市场购买。

17. 中外合资经营企业的销售目标市场有何规定?

国家鼓励合营企业向中国境外销售产品。

出口产品可由合营企业直接或与其有关的委托机构向国外市场出售,也可通过中国的外贸机构出售。

合营企业产品也可在中国市场销售。

18. 中外合资经营企业可以在境外设立分支机构吗?

中外合资经营企业需要时可在中国境外设立分支机构。

19. 中外合资经营企业中的外国合营者分得的资金如何处理?

中外合资经营企业中外国合营者在履行法律和协议、合同规定的义务后分得的净利润,在合营企业期满或者中止时所分得的资金以及其他资金,可按合营企业合同规定的货币,按《外汇管理条例》汇往国外。

国家鼓励外国合营者将可汇出的外汇存入中国银行。

20. 中外合资经营企业中的外籍职工的工资等正当收入如何处理？

中外合资经营企业的外籍职工的工资收入和其他正当收入，按中华人民共和国税法缴纳个人所得税后，可按《外汇管理条例》汇往国外。

21. 中外合资经营企业的合营期限如何确定？

中外合资经营企业的合营期限，按不同行业、不同情况，作不同的约定。

有的行业的合营企业，应当约定合营期限；有的行业的合营企业，可以约定合营期限，也可以不约定合营期限。

约定合营期限的合营企业，合营各方同意延长合营期限的，应在距合营期满 6 个月前向审查批准机关提出申请。

审查批准机关应自接到申请之日起 1 个月内决定批准或不批准。

22. 中外合资经营企业发生严重亏损、一方不履行合同和章程规定的义务、不可抗力等情况，如何处理？

中外合资经营企业发生严重亏损、一方不履行合同和章程规定的义务、不可抗力等情况，经合营各方协商同意，报请审查批准机关批准，并向国家工商行政管理主管部门登记，可终止合同。

如果因违反合同而造成损失的，应由违反合同的一方承担经济责任。

23. 中外合资经营企业合营各方发生纠纷，如何处理？

中外合资经营企业合营各方发生纠纷，在董事会不能协商解决时，由中国仲裁机构进行调解或仲裁，也可由合营各方协议在其他仲裁机构仲裁。

合营各方没有在合同中订有仲裁条款的或者事后没有达成书面仲裁协议的，可以向人民法院起诉。

五、问合作

1. 哪些人可以举办中外合作经营企业?

外国的企业和其他经济组织或者个人(外国合作者)、中华人民共和国的企业或者其他经济组织(中国合作者)可以在中国境内共同举办中外合作经营企业(合作企业)。

2. 中外合作者举办中外合作经营企业,应如何操作?

中外合作者举办合作企业,应当依照我国《中外合作经营企业法》的规定,在合作企业合同中约定投资或者合作条件、收益或者产品的分配、风险和亏损的分担、经营管理的方式和合作企业终止时财产的归属等事项。

合作企业符合中国法律关于法人条件的规定的,依法取得中国法人资格。

3. 中外合作经营企业经营应符合哪个国家法律?

中外合作经营合作企业必须遵守中国的法律、法规,不得损害中国的社会公共利益。

国家有关机关依法对合作企业实行监督。

国家鼓励举办产品出口的或者技术先进的生产型合作企业。

4. 如何申请设立中外合作经营企业?

申请设立合作企业,应当将中外合作者签订的协议、合同、章程等文件报国务院对外经济贸易主管部门或者国务院授权的部门和地方政府审查批准。

审查批准机关应当自接到申请之日起 45 天内决定批准或者不批准。

设立合作企业的申请经批准后,应当自接到批准证书之日起 30 天内向工商行政管理机关申请登记,领取营业执照。

合作企业的营业执照签发日期,为该企业的成立日期。

合作企业应当自成立之日起 30 天内向税务机关办理税务登记。

5. 中外合作经营企业中外合作者在合作期限内对合作企业合同作重大变更的,如何处理?

中外合作者在合作期限内协商同意对合作企业合同作重大变更的,应当报审查批准机关批准；变更内容涉及法定工商登记项目、税务登记项目的，应当向工商行政管理机关、税务机关办理变更登记手续。

6. 中外合作经营企业的中外合作者可以哪些方式合作？

中外合作经营企业的中外合作者的投资或者提供的合作条件可以是现金、实物、土地使用权、工业产权、非专利技术和其他财产权利。

中外合作者应当依照法律、法规的规定和合作企业合同的约定，如期履行缴足投资、提供合作条件的义务。逾期不履行的，由工商行政管理机关限期履行；限期届满仍未履行的，由审查批准机关和工商行政管理机关依照国家有关规定处理。

中外合作者的投资或者提供的合作条件，由中国注册会计师或者有关机构验证并出具证明。

7. 中外合作经营企业的中外合作者的一方转让其在合作企业合同中的全部或者部分权利、义务的，如何办理？

中外合作者的一方转让其在合作企业合同中的全部或者部分权利、义务的，必须经他方同意，并报审查批准机关批准。

8. 中外合作经营企业的管理机构如何设立？

中外合作经营企业应当设立董事会或者联合管理机构，依照合作企业合同或者章程的规定，决定合作企业的重大问题。

中外合作者的一方担任董事会的董事长、联合管理机构的主任的，由他方担任副董事长、副主任。

董事会或者联合管理机构可以决定任命或者聘请总经理负责合作企业的日常经营管理工作。

总经理对董事会或者联合管理机构负责。

合作企业成立后改为委托中外合作者以外的他人经营管理的，必须经董事会或者联合管理机构一致同意，报审查批准机关批准，并向工商行政管理机关办理变更登记手续。

9. 中外合作经营企业员工的录用等事项如何处理？

中外合作经营企业职工的录用、辞退、报酬、福利、劳动保护、劳动保险等事项，应当依法通过订立合同加以规定。

合作企业的职工依法建立工会组织，开展工会活动，维护职工的合法权益。

合作企业应当为本企业工会提供必要的活动条件。

10. 中外合作经营企业如何设置会计账簿？

中外合作经营必须在中国境内设置会计账簿，依照规定报送会计报表，并接受财政税务机关的监督。

合作企业不在中国境内设置会计账簿的，财政税务机关可以处以罚款，工商行政管理机关可以责令停止营业或者吊销其营业执照。

11. 中外合作经营企业如何开立外汇账户？

中外合作经营企业应当凭营业执照在国家外汇管理机关允许经营外汇业务的银行或者其他金融机构开立外汇账户。

合作企业的外汇事宜，依照国家有关外汇管理的规定办理。

12. 中外合作经营企业在其经营活动中，可直接向境内外筹措资金吗？

中外合作经营企业可以向中国境内的金融机构借款，也可以在中国境外借款。

中外合作者用作投资或者合作条件的借款及其担保，由各方自行解决。

13. 中外合作经营企业可以向哪些保险机构购买保险？

中外合作经营企业的各项保险应当向中国境内的保险机构投保。

14. 中外合作经营企业可以自由进口物资、出口货物吗？

中外合作经营企业可以在经批准的经营范围内，进口本企业需要的物资，出口本企业生产的产品。

合作企业在经批准的经营范围内所需的原材料、燃料等物资，按照公平、合理的原则，可以在国内市场或者在国际市场购买。

15. 中外合作经营企业中的中外合作者如何分配收益或者产品，如何承担风险和亏损？

中外合作经营企业中的中外合作者依照合作企业合同的约定，分配收益或者产品，承担风险和亏损。

中外合作者在合作企业合同中约定合作期满时合作企业的全部固定资产归中国合作者所有的，可以在合作企业合同中约定外国合作者在合作期限内先行回收投资的办法。

外国合作者在合作期限内先行回收投资的，中外合作者应当依照法律的规定和合作企业合同的约定对合作企业的债务承担责任。

外国合作者在履行法律规定和合作企业合同约定的义务后分得的利润、其他合法收入和合作企业终止时分得的资金，可以依法汇往国外。

16. 中外合作经营企业中的外籍职工的工资等合法收入,如何处理?

中外合作经营企业的外籍职工的工资收入和其他合法收入,依法缴纳个人所得税后,可以汇往国外。

17. 中外合作经营企业合作企业期满或者提前终止时如何处理?

中外合作经营企业中合作企业期满或者提前终止时,应当依照法定程序对资产和债权、债务进行清算。

中外合作者应当依照合作企业合同的约定确定合作企业财产的归属。

合作企业期满或者提前终止,应当向工商行政管理机关和税务机关办理注销登记手续。

18. 中外合作经营企业合作期限如何确定?

中外合作经营企业的合作期限由中外合作者协商并在合作企业合同中订明。

合作者同意延长合作期限的,应当在距合作期满 180 天前向审查批准机关提出申请。

审查批准机关应当自接到申请之日起 30 天内决定批准或者不批准。

19. 中外合作经营企业的中外合作者履行合作企业合同、章程发生争议时如何处理?

中外合作经营企业的中外合作者履行合作企业合同、章程发生争议时,应当通过协商或者调解解决。

中外合作者不愿通过协商、调解解决的,或者协商、调解不成的,可以依照合作企业合同中的仲裁条款或者事后达成的书面仲裁协议,提交中国仲裁机构或者其他仲裁机构仲裁。

中外合作者没有在合作企业合同中订立仲裁条款,事后又没有达成书面仲裁协议的,可以向中国法院起诉。

六、问外资

1. 哪些外国投资者可以投资举办外资企业?

外国的企业和其他经济组织或者个人可以作为外国投资者,在中国境内举办外资企业。

2. 我国《外资企业法》所称的外资企业包括外国的企业和其他经济组织在中国境内的分支机构吗?

《外资企业法》所称的外资企业是指依照中国有关法律在中国境内设立的全部资本由外国投资者投资的企业,不包括外国的企业和其他经济组织在中国境内的分支机构。

3. 外资企业必须遵守哪一国的法律?

外资企业必须遵守中国的法律、法规,不得损害中国的社会公共利益。

设立外资企业,必须有利于中国国民经济的发展。国家鼓励举办产品出口或者技术先进的外资企业。国家禁止或者限制设立外资企业的行业由国务院规定。

外国投资者在中国境内的投资、获得的利润和其他合法权益,受中国法律保护。

外资企业符合中国法律关于法人条件的规定的,依法取得中国法人资格。

外资企业依照经批准的章程进行经营管理活动,不受干涉。

4. 如何设立外资企业?

设立外资企业的申请,由国务院对外经济贸易主管部门或者国务院授权的机关审查批准。

审查批准机关应当在接到申请之日起 90 天内决定批准或者不批准。

设立外资企业的申请经批准后,外国投资者应当在接到批准证书之日起 30 天内向工商行政管理机关申请登记,领取营业执照。

5. 外资企业的成立日期如何确定?

外资企业的营业执照签发日期,为该企业成立日期。

6. 外资企业逾期不投资的，如何处理？

外资企业应当在审查批准机关核准的期限内在中国境内投资；逾期不投资的，工商行政管理机关有权吊销营业执照。

工商行政管理机关对外资企业的投资情况进行检查和监督。

7. 外资企业分立、合并或者其他重要事项变更，应当如何办理？

外资企业分立、合并或者其他重要事项变更，应当报审查批准机关批准，并向工商行政管理机关办理变更登记手续。

8. 外资企业雇用中国员工，如何办理？

外资企业雇用中国职工应当依法签订合同，并在合同中订明雇用、解雇、报酬、福利、劳动保护、劳动保险等事项。

外资企业的职工依法建立工会组织，开展工会活动，维护职工的合法权益。外资企业应当为本企业工会提供必要的活动条件。

9. 外资企业会计账簿如何设置？

外资企业必须在中国境内设置会计账簿，进行独立核算，按照规定报送会计报表，并接受财政税务机关的监督。

外资企业拒绝在中国境内设置会计账簿的，财政税务机关可以处以罚款，工商行政管理机关可以责令停止营业或者吊销营业执照。

10. 外资企业所需的原材料、燃料等物资可以在哪里购买？

外资企业在批准的经营范围内所需的原材料、燃料等物资，按照公平、合理的原则，可以在国内市场或者在国际市场购买。

11. 外资企业的各项保险，如何购买？

外资企业的各项保险应当向中国境内的保险公司投保。

12. 外资企业可享受减、免税优惠吗？

外资企业依照国家有关税收的规定纳税并可以享受减税、免税的优惠待遇。

外资企业将缴纳所得税后的利润在中国境内再投资的，可以依照国家规定申请退还再投资部分已缴纳的部分所得税税款。

13. 外资企业的外汇事宜，如何办理？

外资企业的外汇事宜，依照国家外汇管理规定办理。

外资企业应当在中国银行或者国家外汇管理机关指定的银行开户。

外国投资者从外资企业获得的合法利润、其他合法收入和清算后的资金,可以汇往国外。

外资企业的外籍职工的工资收入和其他正当收入,依法缴纳个人所得税后,可以汇往国外。

14. 外资企业的经营期限如何确定?

外资企业的经营期限由外国投资者申报,由审查批准机关批准。

期满需要延长的,应当在期满 180 天以前向审查批准机关提出申请。

审查批准机关应当在接到申请之日起 30 天内决定批准或者不批准。

15. 外资企业终止如何办理?

外资企业终止,应当及时公告,按照法定程序进行清算。

在清算完结前,除为了执行清算外,外国投资者对企业财产不得处理。

外资企业终止,应当向工商行政管理机关办理注销登记手续,缴销营业执照。

七、问自贸

1. 全国目前有几个自贸区?

　　截至 2017 年 6 月 30 日,我国共有 11 个自贸区,分别是:2013 年 9 月 27 日,国务院批复成立的中国(上海)自由贸易试验区;2015 年 4 月 20 日,国务院批复成立的中国(广东)自由贸易试验区、中国(天津)自由贸易试验区、中国(福建)自由贸易试验区;2017 年 3 月 31 日,国务院批复成立的中国(辽宁)自由贸易试验区、中国(浙江)自由贸易试验区、中国(河南)自由贸易试验区、中国(湖北)自由贸易试验区、中国(重庆)自由贸易试验区、中国(四川)自由贸易试验区、中国(陕西)自由贸易试验区。

2. 自贸区负面清单是什么?

　　负面清单是管理的一种模式,是政府规定哪些经济领域不开放,即除了清单上的禁区,其他行业、领域和经济活动都许可开放。

　　在使用负面清单管理的情形下,凡是针对外资的与国民待遇、最惠国待遇不符的管理措施,均以清单方式列明。

　　负面清单相当于投资领域的"黑名单",该清单列明了企业不能投资的领域和产业。

　　与负面清单相对应的是,正面清单,即列明了企业可以做什么领域的投资。自贸区负面清单是自由贸易试验区外商投资准入特别管理措施。

　　目前,我国国务院已经发布了《自由贸易试验区外商投资准入特别管理措施(负面清单)》(详见国务院网站)。

3. 自贸区设立企业有何优势?

　　自贸区注册公司优势首先就是保税功能,其次就是货币流通。自由贸易区内允许外国船舶自由进出,外国货物免税进口,取消对进口货物的配额管制等。不同的自贸区,给予企业的待遇也稍有不同,可以在设立时向拟设立地的自贸区管理部门详细询问。

4. 如何查阅我国自贸区便利政策?

　　可以通过国务院网站、各个自贸区办事窗口、网站等官方渠道了解和查询相关具体信息和各个自贸区的负面清单。

5. 一个人(一个投资主体)可以在自贸区设立多个企业吗?

一个人(一个投资主体)可以依法在自贸区自主或参与设立多个企业。

八、问合同

（一）关于合同的基本问题

1. 订立合同的基本原则有哪些？

（1）平等原则：合同当事人的法律地位平等，订立合同的任何一方不得将自己的意志强加给另一方。

（2）自由原则：订立合同的当事人依法享有自愿订立合同的权利，任何单位和个人不得非法干预。

（3）公平原则：订立合同的当事人应当遵循公平原则确定各方的权利和义务。

（4）诚实信用原则：订立合同的当事人行使权利、履行义务应当遵循诚实信用原则。

（5）遵纪守法原则：订立合同的当事人订立、履行合同，应当遵守法律、行政法规，尊重社会公德，不得扰乱社会经济秩序，损害社会公共利益。

（6）依合同履行义务原则：依法成立的合同，受法律保护。合同的当事人依法订立的合同，对当事人各方均具有法律约束力。当事人应当按照约定履行自己的义务，不得擅自变更或者解除合同。

2. 当事人订立合同，应具有什么能力？

当事人订立合同，应当具有相应的民事权利能力和民事行为能力。

3. 当事人可委托他人订立合同吗？

当事人依法可以委托代理人订立合同。

4. 当事人可以什么形式订立合同？

当事人订立合同，有书面形式、口头形式和其他形式。

法律、行政法规规定采用书面形式的，应当采用书面形式。

当事人约定采用书面形式的，应当采用书面形式。

5. 书面合同有哪些形式？

合同的书面形式是指合同书、信件和数据电文（包括电报、电传、传真、电子数据交换和电子邮件)等可以有形地表现所载内容的形式。

6. 合同内容主要条款有哪些?

合同的内容由当事人约定,一般包括以下条款:
(1)当事人的名称或者姓名和住所;
(2)标的;
(3)数量;
(4)质量;
(5)价款或者报酬;
(6)履行期限、地点和方式;
(7)违约责任;
(8)解决争议的方法。

7. 可以什么方式订立合同?

当事人订立合同,采取要约、承诺方式。

8. 要约何时生效?

要约在到达受要约人时生效。

采用数据电文形式订立合同,收件人指定特定系统接收数据电文的,该数据电文进入该特定系统的时间,视为到达时间;未指定特定系统的,该数据电文进入收件人的任何系统的首次时间,视为到达时间。

9. 要约可以撤回吗?

要约可以撤回。撤回要约的通知应当在要约到达受要约人之前或者与要约同时到达受要约人。

10. 要约如何撤销?

要约可以撤销。撤销要约的通知应当在受要约人发出承诺通知之前到达受要约人。

11. 哪些情形下,要约不得撤销?

有下列情形之一的,要约不得撤销:
(1)要约人确定了承诺期限或者以其他形式明示要约不可撤销;
(2)受要约人有理由认为要约是不可撤销的,并已经为履行合同作了准备工作。

12. 哪些情形下, 要约失效?

有下列情形之一的, 要约失效:

(1) 拒绝要约的通知到达要约人;

(2) 要约人依法撤销要约;

(3) 承诺期限届满, 受要约人未作出承诺;

(4) 受要约人对要约的内容作出实质性变更。

13. 承诺可以什么方式作出?

承诺应当以通知的方式作出, 但根据交易习惯或者要约表明可以通过行为作出承诺的除外。

14. 承诺应在什么期限内作出?

承诺应当在要约确定的期限内到达要约人。

要约没有确定承诺期限的, 承诺应当依照下列规定到达:

(1) 要约以对话方式作出的, 应当即时作出承诺, 但当事人另有约定的除外;

(2) 要约以非对话方式作出的, 承诺应当在合理期限内到达。

15. 承诺期限的起点如何确定?

要约以信件或者电报作出的, 承诺期限自信件载明的日期或者电报交发之日开始计算。

信件未载明日期的, 自投寄该信件的邮戳日期开始计算。要约以电话、传真等快速通信方式作出的, 承诺期限自要约到达受要约人时开始计算。

16. 合同成立时间如何确定?

承诺生效时合同成立。

17. 承诺生效时间如何确定?

承诺通知到达要约人时承诺生效。

承诺不需要通知的, 根据交易习惯或者要约的要求作出承诺的行为时承诺生效。

18. 承诺可以撤回吗?

承诺可以撤回。撤回承诺的通知应当在承诺通知到达要约人之前或者与承诺通知同时到达要约人。

19. 受要约人超过承诺期限发出承诺的，如何处理？

受要约人超过承诺期限发出承诺的，除要约人及时通知受要约人该承诺有效的以外，为新要约。

20. 承诺迟到，如何处理？

受要约人在承诺期限内发出承诺，按照通常情形能够及时到达要约人，但因其他原因承诺到达要约人时超过承诺期限的，除要约人及时通知受要约人因承诺超过期限不接受该承诺的以外，该承诺有效。

21. 受要约人对要约的内容作出实质性变更的，如何处理？

承诺的内容应当与要约的内容一致。受要约人对要约的内容作出实质性变更的，为新要约。

有关合同标的、数量、质量、价款或者报酬、履行期限、履行地点和方式、违约责任和解决争议方法等的变更，是对要约内容的实质性变更。

22. 承诺对要约的内容作出非实质性变更的，如何处理？

承诺对要约的内容作出非实质性变更的，除要约人及时表示反对或者要约表明承诺不得对要约的内容作出任何变更的以外，该承诺有效，合同的内容以承诺的内容为准。

23. 如何确定合同成立的时间？

当事人采用合同书形式订立合同的，自双方当事人签字或者盖章时合同成立。

24. 如何确定签订合同确认书的合同成立时间？

当事人采用信件、数据电文等形式订立合同的，可以在合同成立之前要求签订确认书。签订确认书时合同成立。

25. 如何确定合同成立地点？

承诺生效的地点为合同成立的地点。

采用数据电文形式订立合同的，收件人的主营业地为合同成立的地点；没有主营业地的，其经常居住地为合同成立的地点。当事人另有约定的，按照其约定。

当事人采用合同书形式订立合同的，双方当事人签字或者盖章的地点为合同成立的地点。

26. 法律、行政法规规定或者当事人约定采用书面形式订立合同,当事人未采用书面形式的,如何认定?

法律、行政法规规定或者当事人约定采用书面形式订立合同,当事人未采用书面形式但一方已经履行主要义务,对方接受的,该合同成立。

27. 采用合同书形式订立合同,在签字或者盖章之前,当事人一方已经履行主要义务,对方接受的,如何认定?

采用合同书形式订立合同,在签字或者盖章之前,当事人一方已经履行主要义务,对方接受的,该合同成立。

28. 格式合同使用人应承担哪些义务?

采用格式条款订立合同的,提供格式条款的一方应当遵循公平原则确定当事人之间的权利和义务,并采取合理的方式提请对方注意免除或者限制其责任的条款,按照对方的要求,对该条款予以说明。

提供格式条款一方免除其责任、加重对方责任、排除对方主要权利的,该条款无效。

29. 如何解释格式合同条款?

对格式条款的理解发生争议的,应当按照通常理解予以解释。对格式条款有两种以上解释的,应当作出不利于提供格式条款一方的解释。格式条款和非格式条款不一致的,应当采用非格式条款。

30. 缔约过失,承担什么责任?

当事人在订立合同过程中有下列情形之一,给对方造成损失的,应当承担损害赔偿责任:

(1)假借订立合同,恶意进行磋商;

(2)故意隐瞒与订立合同有关的重要事实或者提供虚假情况;

(3)有其他违背诚实信用原则的行为。

31. 当事人在订立合同过程中知悉的商业秘密,如何保密?

当事人在订立合同过程中知悉的商业秘密,无论合同是否成立,不得泄露或者不正当地使用。

泄露或者不正当地使用该商业秘密给对方造成损失的,应当承担损害赔偿责任。

32. 合同何时生效?

依法成立的合同,自成立时生效。

法律、行政法规规定应当办理批准、登记等手续生效的,依照其规定。

当事人对合同的效力可以约定附条件。附生效条件的合同,自条件成就时生效。附解除条件的合同,自条件成就时失效。

当事人为自己的利益不正当地阻止条件成就的,视为条件已成就;不正当地促成条件成就的,视为条件不成就。

当事人对合同的效力可以约定附期限。附生效期限的合同,自期限届至时生效。附终止期限的合同,自期限届满时失效。

33. 限制行为能力人订立的合同,如何处理?

限制民事行为能力人订立的合同,经法定代理人追认后,该合同有效,但纯获利益的合同或者与其年龄、智力、精神健康状况相适应而订立的合同,不必经法定代理人追认。

相对人可以催告法定代理人在一个月内予以追认。法定代理人未作表示的,视为拒绝追认。

合同被追认之前,善意相对人有撤销的权利。撤销应当以通知的方式作出。

34. 无权代理人订立的合同,如何处理?

行为人没有代理权、超越代理权或者代理权终止后以被代理人名义订立的合同,未经被代理人追认,对被代理人不发生效力,由行为人承担责任。

相对人可以催告被代理人在一个月内予以追认。被代理人未作表示的,视为拒绝追认。合同被追认之前,善意相对人有撤销的权利。撤销应当以通知的方式作出。

35. 行为人没有代理权、超越代理权或者代理权终止后以被代理人名义订立的合同,如何处理?

行为人没有代理权、超越代理权或者代理权终止后以被代理人名义订立合同,相对人有理由相信行为人有代理权的,该代理行为有效。

36. 法人或者其他组织的法定代表人、负责人超越权限订立的合同,如何处理?

法人或者其他组织的法定代表人、负责人超越权限订立的合同,除相对人知道或者应当知道其超越权限的以外,该代表行为有效。

37. 无处分权的人处分他人财产订立的合同,如何处理?

无处分权的人处分他人财产,经权利人追认或者无处分权的人订立合同后取得处分权的,该合同有效。

38. 什么情形下,合同无效?

有下列情形之一的,合同无效:
(1) 一方以欺诈、胁迫的手段订立合同,损害国家利益;
(2) 恶意串通,损害国家、集体或者第三人利益;
(3) 以合法形式掩盖非法目的;
(4) 损害社会公共利益;
(5) 违反法律、行政法规的强制性规定。

39. 什么情形下,合同中的免责条款无效?

合同中的下列免责条款无效:
(1) 造成对方人身伤害的;
(2) 因故意或者重大过失造成对方财产损失的。

40. 哪些情形下订立的合同可撤销?

下列合同,当事人一方有权请求人民法院或者仲裁机构变更或者撤销:
(1) 因重大误解订立的;
(2) 在订立合同时显失公平的。
一方以欺诈、胁迫的手段或者乘人之危,使对方在违背真实意思的情况下订立的合同,受损害方有权请求人民法院或者仲裁机构变更或者撤销。
当事人请求变更的,人民法院或者仲裁机构不得撤销。

41. 什么情形下,具有撤销权的合同当事人的撤销权消灭?

有下列情形之一的,具有撤销权的合同当事人的撤销权消灭:
(1) 具有撤销权的当事人自知道或者应当知道撤销事由之日起一年内没有行使撤销权;
(2) 具有撤销权的当事人知道撤销事由后明确表示或者以自己的行为放弃撤销权。

42. 如何确定合同自始无效与部分有效?

无效的合同或者被撤销的合同自始没有法律约束力。
合同部分无效,不影响其他部分效力的,其他部分仍然有效。

43. 合同无效、被撤销或者终止的,合同中有关解决争议方法的条款还有效吗?

合同无效、被撤销或者终止的,不影响合同中独立存在的有关解决争议方法的条款效力。

44. 合同无效或被撤销,产生什么法律后果?

合同无效或者被撤销后,因该合同取得的财产,应当予以返还;不能返还或者没有必要返还的,应当折价补偿。有过错的一方应当赔偿对方因此所受到的损失;双方都有过错的,应当各自承担相应的责任。

45. 合同当事人恶意串通通过合同获取的财产,如何处理?

当事人恶意串通,通过合同方式,损害国家、集体或者第三人利益的,因此取得的财产收归国家所有或者返还集体、第三人。

46. 合同当事人应当如何履行所签署合同?

合同当事人应当按照约定全面履行自己的义务。

合同当事人应当遵循诚实信用原则,根据合同的性质、目的和交易习惯履行通知、协助、保密等义务。

47. 遇到合同约定不明的情形,如何补救?

合同生效后,当事人就质量、价款或者报酬、履行地点等内容没有约定或者约定不明确的,可以协议补充;不能达成补充协议的,按照合同有关条款或者交易习惯确定。

当事人就有关合同内容约定不明确,不能达成补充协议,按照合同有关条款或者交易习惯仍不能确定的,适用下列规定:

(1)质量要求不明确的,按照国家标准、行业标准履行;没有国家标准、行业标准的,按照通常标准或者符合合同目的的特定标准履行。

(2)价款或者报酬不明确的,按照订立合同时履行地的市场价格履行;依法应当执行政府定价或者政府指导价的,按照规定履行。

(3)履行地点不明确,给付货币的,在接受货币一方所在地履行;交付不动产的,在不动产所在地履行;其他标的,在履行义务一方所在地履行。

(4)履行期限不明确的,债务人可以随时履行,债权人也可以随时要求履行,但应当给对方必要的准备时间。

(5)履行方式不明确的,按照有利于实现合同目的的方式履行。

(6)履行费用的负担不明确的,由履行义务一方负担。

48. 合同执行政府定价或者政府指导价的,在合同约定的交付期限内政府价格调整时,如何处理?

执行政府定价或者政府指导价的,在合同约定的交付期限内政府价格调整时,按照交付时的价格计价。逾期交付标的物的,遇价格上涨时,按照原价格执行;价格下降时,按照新价格执行。逾期提取标的物或者逾期付款的,遇价格上涨时,按照新价格执行;价格下降时,按照原价格执行。

49. 合同当事人约定由债务人向第三人履行债务的,债务人未向第三人履行债务或者履行债务不符合约定的,有何责任?

合同当事人约定由债务人向第三人履行债务的,债务人未向第三人履行债务或者履行债务不符合约定,应当向债权人承担违约责任。

50. 合同当事人约定由第三人向债权人履行债务,第三人不履行债务或者履行债务不符合约定的,如何承担责任?

合同当事人约定由第三人向债权人履行债务,第三人不履行债务或者履行债务不符合约定,债务人应当向债权人承担违约责任。

51. 合同当事人互负债务,没有先后履行顺序的,应当如何履行?

合同当事人互负债务,没有先后履行顺序的,应当同时履行。一方在对方履行之前有权拒绝其履行要求。一方在对方履行债务不符合约定时,有权拒绝其相应的履行要求。

52. 合同当事人互负债务,有先后履行顺序的,先履行一方未履行的,如何处理?

合同当事人互负债务,有先后履行顺序,先履行一方未履行的,后履行一方有权拒绝其履行要求。先履行一方履行债务不符合约定的,后履行一方有权拒绝其相应的履行要求。

53. 合同中应当先履行债务的当事人,有确切证据证明对方有哪些情形的,可以中止履行?

合同中应当先履行债务的当事人,有确切证据证明对方有下列情形之一的,可以中止履行:

(1) 经营状况严重恶化;

(2) 转移财产、抽逃资金,以逃避债务;

(3) 丧失商业信誉;

(4)有丧失或者可能丧失履行债务能力的其他情形。

合同当事人没有确切证据中止履行的,应当承担违约责任。

合同当事人依法中止履行的,应当及时通知对方。对方提供适当担保时,应当恢复履行。

中止履行后,对方在合理期限内未恢复履行能力并且未提供适当担保的,中止履行的一方可以解除合同。

54. 因合同债权人原因致债务履行困难的,如何处理?

因合同债权人分立、合并或者变更住所没有通知债务人,致使履行债务发生困难的,债务人可以中止履行或者将标的物提存。

55. 合同债务人可以在合同没有约定的情形下提前履行合同债务吗?

合同债权人可以拒绝债务人提前履行债务,但提前履行不损害债权人利益的除外。

合同债务人提前履行债务给债权人增加的费用,由债务人负担。

56. 合同债务人可以在合同没有约定的情形下部分履行债务吗?

合同债权人可以拒绝债务人部分履行债务,但部分履行不损害债权人利益的除外。

合同债务人部分履行债务给债权人增加的费用,由债务人负担。

57. 合同债务人怠于行使其到期债权,对合同债权人造成损害的,如何处理?

因债务人怠于行使其到期债权,对债权人造成损害的,债权人可以向人民法院请求以自己的名义代位行使债务人的债权,但该债权专属于债务人自身的除外。

代位权的行使范围以债权人的债权为限。债权人行使代位权的必要费用,由债务人负担。

58. 合同债务人放弃其到期债权或者无偿转让财产,对债权人造成损害的,如何处理?

因合同债务人放弃其到期债权或者无偿转让财产,对债权人造成损害的,债权人可以请求人民法院撤销债务人的行为。债务人以明显不合理的低价转让财产,对债权人造成损害,并且受让人知道该情形的,债权人也可以请求人民法院撤销债务人的行为。

撤销权的行使范围以债权人的债权为限。债权人行使撤销权的必要费用,由债务人负担。

撤销权自债权人知道或者应当知道撤销事由之日起一年内行使。自债务人的行为发生之日起 5 年内没有行使撤销权的,该撤销权消灭。

59. 合同生效后,因姓名、名称的变更或者法定代表人、负责人、承办人的变动,合同当事人可以不履行合同吗?

合同生效后,当事人不能因姓名、名称的变更或者法定代表人、负责人、承办人的变动而不履行合同义务。

60. 具备什么条件,可以变更已经签署的合同?

合同当事人协商一致,可以变更合同。

法律、行政法规规定变更合同应当办理批准、登记等手续的,依照其规定。

61. 遇到合同变更内容不明的情形,如何处理?

合同当事人对合同变更的内容约定不明确的,推定为未变更。

62. 合同债权人可以将合同的权利转让他人吗?

合同债权人可以将合同的权利全部或者部分转让给第三人,但有下列情形之一的除外:

(1) 根据合同性质不得转让;

(2) 按照当事人约定不得转让;

(3) 依照法律规定不得转让。

63. 合同债权人如何转让合同债权?

合同债权人转让权利的,应当通知债务人。未经通知,该转让对债务人不发生效力。

债权人转让权利的通知不得撤销,但经受让人同意的除外。

债权人转让权利的,受让人取得与债权有关的从权利,但该从权利专属于债权人自身的除外。

债务人接到债权转让通知后,债务人对让与人的抗辩,可以向受让人主张。

债务人接到债权转让通知时,债务人对让与人享有债权,并且债务人的债权先于转让的债权到期或者同时到期的,债务人可以向受让人主张抵消。

64. 合同债务人如何转让合同债务?

合同债务人将合同的义务全部或者部分转移给第三人的,应当经债权人同意。

债务人转移义务的,新债务人可以主张原债务人对债权人的抗辩。

债务人转移义务的,新债务人应当承担与主债务有关的从债务,但该从债务专属于原债务人自身的除外。

65. 合同债权人转让合同债权或合同债务人转让合同债务应遵循什么转让形式要件?

法律、行政法规规定转让权利或者转移义务应当办理批准、登记等手续的,应当按照规定办理批准、登记等手续。

66. 合同当事人可以将自己在合同中的权利和义务一并转让(概括转让)吗?

合同当事人一方经对方同意,可以将自己在合同中的权利和义务一并(概括)转让给第三人。

67. 合同当事人订立合同后合并或分立的,如何处理?

合同当事人订立合同后合并的,由合并后的法人或者其他组织行使合同权利,履行合同义务。

当事人订立合同后分立的,除债权人和债务人另有约定的以外,由分立的法人或者其他组织对合同的权利和义务享有连带债权,承担连带债务。

68. 什么情形下,合同的权利义务终止?

有下列情形之一的,合同的权利义务终止:

(1) 债务已经按照约定履行;
(2) 合同解除;
(3) 债务相互抵消;
(4) 债务人依法将标的物提存;
(5) 债权人免除债务;
(6) 债权债务同归于一人;
(7) 法律规定或者当事人约定终止的其他情形。

69. 合同的权利义务终止后,当事人应当承担什么义务?

合同的权利义务终止后,当事人应当遵循诚实信用原则,根据交易习惯履行通知、协助、保密等义务。

70. 什么情形下,合同可以解除?

当事人协商一致,可以解除合同(约定解除)。

当事人可以约定一方解除合同的条件。解除合同的条件成就时,解除权人可以解除合同。

出现下列情形之一的,当事人可以解除合同(法定解除):

(1) 因不可抗力致使不能实现合同目的;

(2) 在履行期限届满之前,当事人一方明确表示或者以自己的行为表明不履行主要债务;

(3) 当事人一方迟延履行主要债务,经催告后在合理期限内仍未履行;

(4) 当事人一方迟延履行债务或者有其他违约行为致使不能实现合同目的;

(5) 法律规定的其他情形。

法律规定或者当事人约定解除权行使期限,期限届满当事人不行使的,该权利消灭。

法律没有规定或者当事人没有约定解除权行使期限,经对方催告后在合理期限内不行使的,该权利消灭。

合同当事人一方依法主张解除合同的,应当通知对方。合同自通知到达对方时解除。对方有异议的,可以请求人民法院或者仲裁机构确认解除合同的效力。

法律、行政法规规定解除合同应当办理批准、登记等手续的,应按规定办理批准、登记手续。

71. 合同解除或终止后,未履行的或未结算的如何处理?

合同解除后,尚未履行的,终止履行;已经履行的,根据履行情况和合同性质,当事人可以要求恢复原状、采取其他补救措施,并有权要求赔偿损失。

合同的权利义务终止,不影响合同中结算和清理条款的效力,按照合同约定结算和清理。

72. 合同当事人互负到期债务的,如何处理?

合同当事人互负到期债务,该债务的标的物种类、品质相同的,任何一方可以将自己的债务与对方的债务抵消,但依照法律规定或者按照合同性质不得抵消的除外。

当事人主张抵消的,应当通知对方。通知自到达对方时生效。抵消不得附条件或者附期限。

当事人互负债务,标的物种类、品质不相同的,经双方协商一致,也可以抵消。

73. 哪些情形下,合同债务人难以履行债务的,可以将标的物提存?

出现下列情形之一,合同债务人难以履行债务的,债务人可以将标的物提存：

    (1) 债权人无正当理由拒绝受领；

    (2) 债权人下落不明；

    (3) 债权人死亡未确定继承人或者丧失民事行为能力未确定监护人；

    (4) 法律规定的其他情形。

标的物不适于提存或者提存费用过高的,债务人依法可以拍卖或者变卖标的物,提存所得的价款。

标的物提存后,除债权人下落不明的以外,债务人应当及时通知债权人或者债权人的继承人、监护人。

标的物提存后,毁损、灭失的风险由债权人承担。提存期间,标的物的孳息归债权人所有。提存费用由债权人负担。

债权人可以随时领取提存物,但债权人对债务人负有到期债务的,在债权人未履行债务或者提供担保之前,提存部门根据债务人的要求应当拒绝其领取提存物。

债权人领取提存物的权利,自提存之日起 5 年内不行使而消灭,提存物扣除提存费用后归国家所有。

74. 合同债权人免除债务人部分或者全部债务的,合同如何处理?

债权人免除债务人部分或者全部债务的,合同的权利义务部分或者全部终止。

75. 合同的债权和债务同归于一人的,合同的权利义务如何履行?

债权和债务同归于一人的,合同的权利义务终止,但涉及第三人利益的除外。

76. 合同一方不履行合同义务或者履行合同义务不符合约定的,应当承担什么责任?

合同当事人一方不履行合同义务或者履行合同义务不符合约定的,应当承担继续履行、采取补救措施或者赔偿损失等违约责任。

合同当事人一方明确表示或者以自己的行为表明不履行合同义务的,对方可以在履行期限届满之前要求其承担违约责任。

合同当事人一方未支付价款或者报酬的,对方可以要求其支付价款或者报酬。

合同当事人一方不履行非金钱债务或者履行非金钱债务不符合约定的,对方可以要求履行,但有下列情形之一的除外:

(1) 法律上或者事实上不能履行;

(2) 债务的标的不适于强制履行或者履行费用过高;

(3) 债权人在合理期限内未要求履行。

质量不符合约定的,应当按照当事人的约定承担违约责任。

对违约责任没有约定或者约定不明确,依法仍不能确定的,受损害方根据标的的性质以及损失的大小,可以合理选择要求对方承担修理、更换、重作、退货、减少价款或者报酬等违约责任。

合同当事人一方不履行合同义务或者履行合同义务不符合约定的,在履行义务或者采取补救措施后,对方还有其他损失的,应当赔偿损失。

合同当事人一方不履行合同义务或者履行合同义务不符合约定,给对方造成损失的,损失赔偿额应当相当于因违约所造成的损失,包括合同履行后可以获得的利益,但不得超过违反合同一方订立合同时预见到或者应当预见到的因违反合同可能造成的损失。

经营者对消费者提供商品或者服务有欺诈行为的,依照《消费者权益保护法》的规定承担损害赔偿责任。

当事人可以约定一方违约时应当根据违约情况向对方支付一定数额的违约金,也可以约定因违约产生的损失赔偿额的计算方法。

约定的违约金低于造成的损失的,当事人可以请求人民法院或者仲裁机构予以增加;约定的违约金过分高于造成的损失的,当事人可以请求人民法院或者仲裁机构予以适当减少。

当事人就迟延履行约定违约金的,违约方支付违约金后,还应当履行债务。

77. 按合同约定支付定金,合同履行过程中出现违约,定金如何处理?

合同当事人可以依照《担保法》约定一方向对方给付定金作为债权的担保。债务人履行债务后,定金应当抵作价款或者收回。

给付定金的一方不履行约定的债务的,无权要求返还定金;收受定金的一方不履行约定的债务的,应当双倍返还定金。

78. 合同中既有违约金又有定金的,合同一方违约,如何处理?

合同当事人既约定违约金,又约定定金的,一方违约时,对方可以选择适用违约金或者定金条款。

79. 出现不可抗力的情形,合同如何处理?

因不可抗力不能履行合同的,根据不可抗力的影响,部分或者全部免除责任,但法律另有规定的除外。当事人迟延履行后发生不可抗力的,不能免除责任。

合同当事人一方因不可抗力不能履行合同的,应当及时通知对方,以减轻可能给对方造成的损失,并应当在合理期限内提供证明。

80. 出现合同当事人一方违约情形,对方在主张违约赔偿前应如何应对?

合同当事人一方违约后,对方应当采取适当措施防止损失的扩大;没有采取适当措施致使损失扩大的,不得就扩大的损失要求赔偿。

当事人因防止损失扩大而支出的合理费用,由违约方承担。

81. 合同双方均出现违约的情形时,如何承担责任?

合同当事人双方都违反合同的,应当各自承担相应的责任。

82. 合同当事人一方因第三人的过错造成的违约,如何处理?

合同当事人一方因第三人的原因造成违约的,应当向对方承担违约责任。

当事人一方和第三人之间的纠纷,依照法律规定或者按照约定解决。

83. 因当事人一方的违约行为,侵害对方人身、财产权益,出现责任竞合,如何处理?

因当事人一方的违约行为,侵害对方人身、财产权益的,受损害方有权选择依照合同法要求其承担违约责任,也可选择依照其他法律要求其承担侵权责任。

84. 当合同法与其他法律对合同有不同规定的,优先使用什么规定?

当其他法律对合同另有规定的,依照其规定,即优先使用其他法律。

85. 通常如何解释合同?

合同当事人对合同条款的理解有争议的,应当按照合同所使用的词句、合同的有关条款、合同的目的、交易习惯以及诚实信用原则,确定该条款的真实意思。

合同文本采用两种以上文字订立并约定具有同等效力的,对各文本使用的词句推定具有相同含义。

各文本使用的词句不一致的,应当根据合同的目的予以解释。

86. 涉外合同如何选择所适用的法律?

涉外合同的当事人可以选择处理合同争议所适用的法律,但法律另有规定的除外。

涉外合同的当事人没有选择的,适用与合同有最密切联系的国家的法律。

在中华人民共和国境内履行的中外合资经营企业合同、中外合作经营企业合同、中外合作勘探开发自然资源合同,适用中华人民共和国法律。

87. 合同出现争议,如何解决?

合同当事人可以通过和解或者调解解决合同争议。

当事人不愿和解、调解或者和解、调解不成的,可以根据仲裁协议向仲裁机构申请仲裁。

涉外合同的当事人可以根据仲裁协议向中国仲裁机构或者其他仲裁机构申请仲裁。

合同当事人没有订立仲裁协议或者仲裁协议无效的,可以向人民法院起诉。

合同当事人应当履行发生法律效力的判决、仲裁裁决、调解书;拒不履行的,对方可以请求人民法院执行。

88. 合同纠纷的诉讼时效是多长?

一般合同纠纷的诉讼时效为两年。

因国际货物买卖合同和技术进出口合同争议提起诉讼或者申请仲裁的期限为 4 年。

诉讼时效自当事人知道或者应当知道其权利受到侵害之日起计算。

(二) 关于买卖合同的问题

89. 买卖合同除具有合同的一般条款外,还可以包括哪些内容?

买卖合同的内容除具有合同的一般内容以外,还可以包括包装方式、检验标准和方法、结算方式、合同使用的文字及其效力等条款。

90. 什么标的物才符合合法出卖的条件?

出卖的标的物,应当属于出卖人所有或者出卖人有权处分。

法律、行政法规禁止或者限制转让的标的物,需符合规定,才能出卖。

91. 出卖标的物所有权转移时间如何确定?

除法律另有规定或者当事人另有约定的外,出卖的标的物所有权自标的物交付时起转移。

当事人可以在买卖合同中约定买受人未履行支付价款或者其他义务的,标的物的所有权属于出卖人。

出卖人应当履行向买受人交付标的物或者交付提取标的物的单证,并转移标的物所有权的义务。

出卖人应当按照约定或者交易习惯向买受人交付提取标的物单证以外的有关单证和资料。

92. 出卖具有知识产权的计算机软件等标的物的,知识产权如何确定归属?

出卖具有知识产权的计算机软件等标的物的,除法律另有规定或者当事人另有约定的以外,该标的物的知识产权不属于买受人。

93. 如何确定标的物交付的时间?

出卖人应当按照约定的期限交付标的物。

约定交付期间的,出卖人可以在该交付期间内的任何时间交付。

94. 标的物在订立合同之前已为买受人占有的,如何确定交付时间?

标的物在订立合同之前已为买受人占有的,合同生效的时间为交付时间。

95. 如何确定买卖的标的物交付地点?

出卖人应当按照约定的地点交付标的物。

当事人没有约定交付地点或者约定不明确,依合同法基本规定仍不能确定的,按照以下原则确定:

(1) 标的物需要运输的,出卖人应当将标的物交付给第一承运人,由其交给买受人;

(2) 标的物不需要运输,出卖人和买受人订立合同时知道标的物在某一地点的,出卖人应当在该地点交付标的物;不知道标的物在某一地点的,应当在出卖人订立合同时的营业地交付标的物。

96. 买卖合同标的物的风险如何负担?

买卖合同标的物毁损、灭失的风险,在标的物交付之前由出卖人承担,交付之后由买受人承担,但法律另有规定或者当事人另有约定的除外。

97. 因买受人违约导致买卖合同标的物不能按时交付的风险如何承担?

因买受人的原因致使标的物不能按照约定的期限交付的,买受人应当自违反约定之日起承担标的物毁损、灭失的风险。

98. 出卖人出卖交由承运人运输的在途标的物,风险如何承担?

出卖人出卖交由承运人运输的在途标的物,除买卖合同当事人另有约定的以外,毁损、灭失的风险自合同成立时起由买受人承担。

99. 买卖合同的标的物交付给第一承运人后的风险如何承担?

当事人没有约定交付地点或者约定不明确,标的物需要运输的,出卖人将标的物交付给第一承运人后,标的物毁损、灭失的风险由买受人承担。

100. 买卖合同的买受人不履行接收标的物义务时的风险如何承担?

买卖合同出卖人按照约定或者依法将标的物置于交付地点,买受人违反约定没有收取的,标的物毁损、灭失的风险自违反约定之日起由买受人承担。

101. 买卖合同的出卖人未交付单证、资料的,风险如何承担?

买卖合同的出卖人未按照约定交付有关标的物的单证和资料的,不影响标的物毁损、灭失风险的转移。

102. 买卖合同标的物的质量不符合质量要求的,如何承担责任?

因标的物质量不符合质量要求,致使不能实现合同目的的,买受人可以拒绝接受标的物或者解除合同。

买受人拒绝接受标的物或者解除合同的,标的物毁损、灭失的风险由出卖人承担。

103. 买卖合同标的物毁损、灭失的风险由买受人承担的,出卖人履行合同债务不符合约定的,出卖人还需要承担违约责任吗?

标的物毁损、灭失的风险由买受人承担的,不影响因出卖人履行债务不符合约定,买受人要求其承担违约责任的权利。

104. 买卖合同的出卖人、买受人分别需要承担的瑕疵责任有哪些?

买卖合同出卖人就交付的标的物,负有保证第三人不得向买受人主张任何权利的义务,但法律另有规定的除外。

买卖合同买受人订立合同时知道或者应当知道第三人对买卖的标的物享有权利的,出卖人不承担负有保证第三人不得向买受人主张任何权利的义务。

买卖合同买受人有确切证据证明第三人可能就标的物主张权利的,可以中止支付相应的价款,但出卖人提供适当担保的除外。

买卖合同出卖人应当按照约定的质量要求交付标的物。出卖人提供有关标的物质量说明的,交付的标的物应当符合该说明的质量要求。

105. 买卖合同的买受人收到标的物后应在什么期限内检验?

买卖合同买受人收到标的物时应当在约定的检验期间内检验。没有约定检验期间的,应当及时检验。

当事人约定检验期间的,买受人应当在检验期间内将标的物的数量或者质量不符合约定的情形通知出卖人。买受人怠于通知的,视为标的物的数量或者质量符合约定。

当事人没有约定检验期间的,买受人应当在发现或者应当发现标的物的数量或者质量不符合约定的合理期间内通知出卖人。买受人在合理期间内未通知或者自标的物收到之日起两年内未通知出卖人的,视为标的物的数量或者质量符合约定,但对标的物有质量保证期的,适用质量保证期,不适用该两年的规定。

出卖人知道或者应当知道提供的标的物不符合约定的,买受人不受前两款规定的通知时间的限制。

106. 买卖合同买受人应当在什么时间和地点支付合同价款?

买卖合同买受人应当按照约定的时间、数额和地点支付价款。

对支付地点没有约定或者约定不明确,也没有其他方式可以确定的,买受人应当在出卖人的营业地支付,但约定支付价款以交付标的物或者交付提取标的物单证为条件的,在交付标的物或者交付提取标的物单证的所在地支付。

对支付时间没有约定或者约定不明确,也没有其他方式可以确定的,买受人应当在收到标的物或者提取标的物单证的同时支付。

107. 买卖合同出卖人多交标的物的,如何处理?

买卖合同出卖人多交标的物的,买受人可以接收或者拒绝接收多交的部分。买受人接收多交部分的,按照合同的价格支付价款;买受人拒绝接收多交部分的,应当及时通知出卖人。

108. 买卖合同标的物产生的孳息,如何确定归属?

买卖合同标的物在交付之前产生的孳息,归出卖人所有;交付之后产生的孳息,归买受人所有。

109. 因买卖合同的标的物的主物或从物不符合约定而解除合同的,如何处理?

因标的物的主物不符合约定而解除合同的,解除合同的效力及于从物。

因标的物的从物不符合约定被解除的,解除的效力不及于主物。

110. 买卖合同的标的物为数物，其中一物不符合约定的，如何处理？

买卖合同标的物为数物，其中一物不符合约定的，买受人可以就该物解除，但该物与他物分离使标的物的价值显受损害的，当事人可以就数物解除合同。

111. 买卖合同出卖人分批交付标的物的，出卖人对其中一批标的物不交付或者交付不符合约定的，如何处理？

买卖合同出卖人分批交付标的物的，出卖人对其中一批标的物不交付或者交付不符合约定，致使该批标的物不能实现合同目的的，买受人可以就该批标的物解除。

出卖人不交付其中一批标的物或者交付不符合约定，致使今后其他各批标的物的交付不能实现合同目的的，买受人可以就该批以及今后其他各批标的物解除。

买受人如果就其中一批标的物解除，该批标的物与其他各批标的物相互依存的，可以就已经交付和未交付的各批标的物解除。

112. 买卖合同约定分期付款的，买受人未支付到期价款的，如何处理？

分期付款的买受人未支付到期价款的金额达到全部价款的 1/5 的，出卖人可以要求买受人支付全部价款或者解除合同。

出卖人解除合同的，可以向买受人要求支付该标的物的使用费。

113. 买卖合同约定凭样品买卖的，合同当事人应当承担什么责任？

凭样品买卖的当事人应当封存样品，并可以对样品质量予以说明。出卖人交付的标的物应当与样品及其说明的质量相同。

凭样品买卖的买受人不知道样品有隐蔽瑕疵的，即使交付的标的物与样品相同，出卖人交付的标的物的质量仍然应当符合同种物的通常标准。

114. 买卖合同当事人约定以试用方式买卖的，如何承担责任？

试用买卖的当事人可以约定标的物的试用期间。

试用买卖的买受人在试用期内可以购买标的物，也可以拒绝购买。

试用期间届满，买受人对是否购买标的物未作表示的，视为购买。

（三）关于借款合同的问题

115. 借款合同除了具有合同的一般性条款外，还包含哪些主要内容？

借款合同是借款人向贷款人借款，到期返还借款并支付利息的合同。

借款合同采用书面形式,但自然人之间借款另有约定的除外。

借款合同的内容包括借款种类、币种、用途、数额、利率、期限和还款方式等条款。

订立借款合同,贷款人可以要求借款人提供担保。担保依照《担保法》的规定。

订立借款合同,借款人应当按照贷款人的要求提供与借款有关的业务活动和财务状况的真实情况。

116. 借款的利息可以约定预先在本金中扣除吗?

借款的利息不得预先在本金中扣除。利息预先在本金中扣除的,应当按照实际借款数额返还借款并计算利息。

117. 贷款人未按照约定的日期、数额提供借款,造成借款人损失,或者借款人未按照约定的日期、数额收取借款的,如何处理?

贷款人未按照约定的日期、数额提供借款,造成借款人损失的,应当赔偿损失。

借款人未按照约定的日期、数额收取借款的,应当按照约定的日期、数额支付利息。

118. 贷款人如何检查、监督借款的使用等情况?

贷款人按照约定可以检查、监督借款的使用情况。借款人应当按照约定向贷款人定期提供有关财务会计报表等资料。

借款人未按照约定的借款用途使用借款的,贷款人可以停止发放借款、提前收回借款或者解除合同。

119. 借款合同的利息如何确定?

办理贷款业务的金融机构贷款的利率,应当按照中国人民银行规定的贷款利率的上下限确定。

借款人应当按照约定的期限支付利息。对支付利息的期限没有约定或者约定不明确,依法仍不能确定,借款期间不满一年的,应当在返还借款时一并支付;借款期间一年以上的,应当在每届满一年时支付,剩余期间不满一年的,应当在返还借款时一并支付。

120. 借款的返还期限如何确定?

借款人应当按照约定的期限返还借款。对借款期限没有约定或者约定不明确,依照《合同法》第 61 条的规定仍不能确定的,借款人可以随时返还;贷款人可以催告借款人在合理期限内返还。

借款人未按照约定的期限返还借款的,应当按照约定或者国家有关规定支付逾期利息。

借款人提前偿还借款的,除当事人另有约定的以外,应当按照实际借款的期间计算利息。

借款人可以在还款期限届满之前向贷款人申请展期。贷款人同意的,可以展期。

121. 自然人间借款合同的生效时间如何确定?

自然人之间的借款合同,自贷款人提供借款时生效。

122. 自然人间借款合同的利率如何确定?

自然人之间的借款合同对支付利息没有约定或者约定不明确的,视为不支付利息。自然人之间的借款合同约定支付利息的,借款的利率不得违反国家有关限制借款利率的规定。

(四) 关于租赁合同的问题

123. 租赁合同除了具有合同的一般性条款外,还包含哪些主要内容?

租赁合同是出租人将租赁物交付承租人使用、收益,承租人支付租金的合同。

租赁合同的内容包括租赁物的名称、数量、用途、租赁期限、租金及其支付期限和方式、租赁物维修等条款。

124. 租赁合同中的租赁期限如何确定?

租赁期限不得超过 20 年。超过 20 年的,超过部分无效。

租赁期间届满,当事人可以续订租赁合同,但约定的租赁期限自续订之日起不得超过 20 年。

125. 租赁合同以什么形式签署?

租赁期限 6 个月以上的,应当采用书面形式。当事人未采用书面形式的,视为不定期租赁。

126. 租赁合同中出租人、承租人的基本义务有哪些?

出租人应当按照约定将租赁物交付承租人,并在租赁期间保持租赁物符合约定的用途。

承租人应当按照约定的方法使用租赁物。对租赁物的使用方法没有约定或者约定不明确,依法仍不能确定的,应当按照租赁物的性质使用。

承租人按照约定的方法或者租赁物的性质使用租赁物,致使租赁物受到损耗的,不承担损害赔偿责任。

承租人未按照约定的方法或者租赁物的性质使用租赁物,致使租赁物受到损失的,出租人可以解除合同并要求赔偿损失。

出租人应当履行租赁物的维修义务,但当事人另有约定的除外。

承租人在租赁物需要维修时可以要求出租人在合理期限内维修。出租人未履行维修义务的,承租人可以自行维修,维修费用由出租人负担。因维修租赁物影响承租人使用的,应当相应减少租金或者延长租期。

127. 出租合同中的租赁物的保管和改善有什么规定?

承租人应当妥善保管租赁物,因保管不善造成租赁物毁损、灭失的,应当承担损害赔偿责任。

承租人经出租人同意,可以对租赁物进行改善或者增设他物。

承租人未经出租人同意,对租赁物进行改善或者增设他物的,出租人可以要求承租人恢复原状或者赔偿损失。

128. 出租合同中租赁物的转租如何规定?

承租人经出租人同意,可以将租赁物转租给第三人。

承租人转租的,承租人与出租人之间的租赁合同继续有效,第三人对租赁物造成损失的,承租人应当赔偿损失。

承租人未经出租人同意转租的,出租人可以解除合同。

129. 租赁合同履行期间,租赁物的收益如何确定归属?

租赁合同履行期间,因占有、使用租赁物获得的收益,归承租人所有,但当事人另有约定的除外。

130. 支付租金的期限如何确定?

租赁合同的承租人应当按照约定的期限支付租金。

对支付期限没有约定或者约定不明确,依法不能确定的,租赁期间不满一年的,应当在租赁期间届满时支付;租赁期间一年以上的,应当在每届满一年时支付,剩余期间不满一年的,应当在租赁期间届满时支付。

承租人无正当理由未支付或者迟延支付租金的,出租人可以要求承租人在合理期限内支付。承租人逾期不支付的,出租人可以解除合同。

131. 因第三人主张权利,致使承租人不能对租赁物使用、收益的,如何处理?

因第三人主张权利,致使承租人不能对租赁物使用、收益的,承租人可以要求减少租金或者不支付租金。

第三人主张权利的,承租人应当及时通知出租人。

132. 租赁合同中的租赁物在租赁期间发生所有权变动的,会影响租赁合同的效力吗?

租赁物在租赁期间发生所有权变动的,不影响租赁合同的效力。

出租人出卖租赁房屋的,应当在出卖之前的合理期限内通知承租人,承租人享有以同等条件优先购买的权利。

133. 因不可归责于承租人的事由,致使租赁物部分或者全部毁损、灭失的,如何处理?

因不可归责于承租人的事由,致使租赁物部分或者全部毁损、灭失的,承租人可以要求减少租金或者不支付租金;因租赁物部分或者全部毁损、灭失,致使不能实现合同目的的,承租人可以解除合同。

134. 当事人对租赁期限没有约定或者约定不明确,如何处理?

当事人对租赁期限没有约定或约定不明确,依法仍不能确定的,视为不定期租赁。当事人可以随时解除合同,但出租人解除合同应当在合理期限之前通知承租人。

135. 租赁合同履行中发现租赁物危及承租人的安全或者健康的,如何处理?

租赁物危及承租人的安全或者健康的,即使承租人订立合同时明知该租赁物质量不合格,承租人仍然可以随时解除合同。

136. 房屋租赁合同的承租人在房屋租赁期间死亡的,与其生前共同居住的人可以按照原租赁合同继续租赁该房屋吗?

承租人在房屋租赁期间死亡的,与其生前共同居住的人可以按照原租赁合同租赁该房屋。

137. 租赁合同期限届满,租赁物如何返还?

租赁期间届满,承租人应当返还租赁物。返还的租赁物应当符合按照约定或者租赁物的性质使用后的状态。

138. 租赁合同租赁期间届满,承租人继续使用租赁物的,如何处理?

租赁期间届满,承租人继续使用租赁物,出租人没有提出异议的,原租赁合同继续有效,但租赁期限为不定期。

(五)关于融资租赁合同的问题

139. 融资租赁合同除了具有合同的一般性条款外,还包含哪些主要内容?

融资租赁合同是出租人根据承租人对出卖人、租赁物的选择,向出卖人购买租赁物,提供给承租人使用,承租人支付租金的合同。

融资租赁合同的内容包括租赁物名称、数量、规格、技术性能、检验方法、租赁期限、租金构成及其支付期限和方式、币种、租赁期间届满租赁物的归属等条款。

融资租赁合同应当采用书面形式。

140. 融资租赁合同的租赁物如何购买?

融资租赁合同的出租人根据承租人对出卖人、租赁物的选择订立的买卖合同,出卖人应当按照约定向承租人交付标的物,承租人享有与受领标的物有关的买受人的权利。

141. 融资租赁合同的租赁物出卖人不履行买卖合同义务的,如何处理?

融资租赁合同的出租人、出卖人、承租人可以约定,出卖人不履行买卖合同义务的,由承租人行使索赔的权利。承租人行使索赔权利的,出租人应当协助。

142. 融资租赁合同出租人未经承租人同意,可以变更根据承租人对出卖人、租赁物的选择订立的买卖合同与承租人有关的合同内容吗?

出租人根据承租人对出卖人、租赁物的选择订立的买卖合同,未经承租人同意,出租人不得变更与承租人有关的合同内容。

143. 融资租赁合同的租赁物所有权归谁?

融资租赁合同出租人享有租赁物的所有权。承租人破产的,租赁物不属于破产财产。

144. 融资租赁合同的租金,如何确定?

融资租赁合同的租金,除当事人另有约定的以外,应当根据购买租赁物的大部分或者全部成本以及出租人的合理利润确定。

145. 融资租赁合同的出租人、承租人需要承担哪些特别责任?

融资租赁合同的租赁物不符合约定或者不符合使用目的的,出租人不承担责任,但承租人依赖出租人的技能确定租赁物或者出租人干预选择租赁物的除外。

出租人应当保证承租人对租赁物的占有和使用。

承租人占有租赁物期间,租赁物造成第三人的人身伤害或者财产损害的,出租人不承担责任。

承租人应当妥善保管、使用租赁物。

承租人应当履行占有租赁物期间的维修义务。

承租人应当按照约定支付租金。承租人经催告后在合理期限内仍不支付租金的,出租人可以要求支付全部租金;也可以解除合同,收回租赁物。

当事人约定租赁期间届满租赁物归承租人所有,承租人已经支付大部分租金,但无力支付剩余租金,出租人因此解除合同收回租赁物的,收回的租赁物的价值超过承租人欠付的租金以及其他费用的,承租人可以要求部分返还。

146. 融资租赁合同的租赁期间届满,租赁物的归属如何确定?

出租人和承租人可以约定租赁期间届满租赁物的归属。对租赁物的归属没有约定或者约定不明确,依法仍不能确定的,租赁物的所有权归出租人。

(六) 关于承揽合同的问题

147. 承揽合同除了具有合同的一般性条款外,还包含哪些主要内容?

承揽合同是承揽人按照定作人的要求完成工作,交付工作成果,定作人给付报酬的合同。

承揽包括加工、定作、修理、复制、测试、检验等工作。

承揽合同的内容包括承揽的标的、数量、质量、报酬、承揽方式、材料的提供、履行期限、验收标准和方法等条款。

148. 承揽合同的承揽人可以将其承揽的工作交由第三人完成吗?

承揽人应当以自己的设备、技术和劳力,完成主要工作,但当事人另有约定的除外。

承揽人将其承揽的主要工作交由第三人完成的,应当就该第三人完成的工作成果向定作人负责;未经定作人同意的,定作人也可以解除合同。

承揽人可以将其承揽的辅助工作交由第三人完成。承揽人将其承揽的辅助工作交由第三人完成的,应当就该第三人完成的工作成果向定作人负责。

149. 承揽合同的材料如何提供?

承揽人提供材料的,承揽人应当按照约定选用材料,并接受定作人检验。

定作人提供材料的,定作人应当按照约定提供材料。承揽人对定作人提供的材料,应当及时检验,发现不符合约定时,应当及时通知定作人更换、补齐或者采取其他补救措施。

承揽人不得擅自更换定作人提供的材料,不得更换不需要修理的零部件。

150. 承揽合同的定作人、承揽人需要承担的特别义务有哪些?

承揽人发现定作人提供的图纸或者技术要求不合理的,应当及时通知定作人。因定作人怠于答复等原因造成承揽人损失的,应当赔偿损失。

定作人中途变更承揽工作的要求,造成承揽人损失的,应当赔偿损失。

承揽工作需要定作人协助的,定作人有协助的义务。

定作人不履行协助义务致使承揽工作不能完成的,承揽人可以催告定作人在合理期限内履行义务,并可以顺延履行期限;定作人逾期不履行的,承揽人可以解除合同。

承揽人在工作期间,应当接受定作人必要的监督检验。定作人不得因监督检验妨碍承揽人的正常工作。

承揽人完成工作的,应当向定作人交付工作成果,并提交必要的技术资料和有关质量证明。定作人应当验收该工作成果。

承揽人交付的工作成果不符合质量要求的,定作人可以要求承揽人承担修理、重作、减少报酬、赔偿损失等违约责任。

定作人应当按照约定的期限支付报酬。对支付报酬的期限没有约定或者约定不明确,依法仍不能确定的,定作人应当在承揽人交付工作成果时支付;工作成果部分交付的,定作人应当相应支付。

承揽人应当妥善保管定作人提供的材料以及完成的工作成果,因保管不善造成毁损、灭失的,应当承担损害赔偿责任。

共同承揽人对定作人承担连带责任,但当事人另有约定的除外。

承揽人应当按照定作人的要求保守秘密,未经定作人许可,不得留存复制品或者技术资料。

151. 承揽合同的承揽人什么情形下可以享有留置权?

定作人未向承揽人支付报酬或者材料费等价款的,承揽人对完成的工作成果享有留置权,但当事人另有约定的除外。

152. 承揽合同的定作人可以随时解除承揽合同吗?

承揽合同的定作人可以随时解除承揽合同,造成承揽人损失的,应当赔偿损失。

(七) 关于建设工程合同的问题

153. 建设工程合同除了具有合同的一般性条款外,还包含哪些主要内容?

建设工程合同是承包人进行工程建设,发包人支付价款的合同。

建设工程合同包括工程勘察、设计、施工合同。

建设工程合同应当采用书面形式。

建设工程采用招标投标方式的,应当依照有关法律的规定公开、公平、公正进行。

154. 建设工程合同的总包与分包如何进行?

建设工程发包人可以与总承包人订立建设工程合同,也可以分别与勘察人、设计人、施工人订立勘察、设计、施工承包合同。

发包人不得将应当由一个承包人完成的建设工程肢解成若干部分发包给几个承包人。

总承包人或者勘察、设计、施工承包人经发包人同意,可以将自己承包的部分工作交由第三人完成。

第三人就其完成的工作成果与总承包人或者勘察、设计、施工承包人向发包人承担连带责任。

承包人不得将其承包的全部建设工程转包给第三人或者将其承包的全部建设工程肢解以后以分包的名义分别转包给第三人。

禁止承包人将工程分包给不具备相应资质条件的单位。禁止分包单位将其承包的工程再分包。建设工程主体结构的施工必须由承包人自行完成。

155. 重大建设工程的合同如何订立?

国家重大建设工程合同,应当按照国家规定的程序和国家批准的投资计划、可行性研究报告等文件订立。

156. 建设工程勘察、设计合同除了具有合同的一般性条款外,还包含哪些主要内容?

勘察、设计合同的内容包括提交有关基础资料和文件(包括概预算)的期限、质量要求、费用以及其他协作条件等条款。

157. 建设工程施工合同除了具有合同的一般性条款外,还包含哪些主要内容?

建设工程施工合同的内容包括工程范围、建设工期、中间交工工程的开工和竣工时间、工程质量、工程造价、技术资料交付时间、材料和设备供应责任、拨款和结算、竣工验收、质量保修范围和质量保证期、双方相互协作等条款。

158. 建设工程监理合同如何签订?

建设工程实行监理的,发包人应当与监理人采用书面形式订立委托监理合同。

发包人与监理人的权利和义务以及法律责任,依照委托合同以及其他有关法律、行政法规的规定确定。

159. 建设工程合同发包人如何行使检查权?

发包人在不妨碍承包人正常作业的情况下,可以随时对作业进度、质量进行检查。

160. 建设工程合同项目中的隐蔽工程如何验收?

建设工程合同项目中隐蔽工程在隐蔽以前,承包人应当通知发包人检查。发包人没有及时检查的,承包人可以顺延工程日期,并有权要求赔偿停工、窝工等损失。

161. 建设工程竣工后,如何进行竣工验收?

建设工程竣工后,发包人应当根据施工图纸及说明书、国家颁发的施工验收规范和质量检验标准及时进行验收。

验收合格的,发包人应当按照约定支付价款,并接收该建设工程。

建设工程竣工经验收合格后,方可交付使用;未经验收或者验收不合格的,不得交付使用。

162. 建设工程勘察、设计人、施工人、承包人、发包人分别承担什么责任？

建设工程勘察、设计的质量不符合要求或者未按照期限提交勘察、设计文件拖延工期，造成发包人损失的，勘察人、设计人应当继续完善勘察、设计，减收或者免收勘察、设计费并赔偿损失。

因施工人的原因致使建设工程质量不符合约定的，发包人有权要求施工人在合理期限内无偿修理或者返工、改建。经过修理或者返工、改建后，造成逾期交付的，施工人应当承担违约责任。

因承包人的原因致使建设工程在合理使用期限内造成人身和财产损害的，承包人应当承担损害赔偿责任。

发包人未按照约定的时间和要求提供原材料、设备、场地、资金、技术资料的，承包人可以顺延工程日期，并有权要求赔偿停工、窝工等损失。

因发包人的原因致使工程中途停建、缓建的，发包人应当采取措施弥补或者减少损失，赔偿承包人因此造成的停工、窝工、倒运、机械设备调迁、材料和构件积压等损失和实际费用。

因发包人变更计划，提供的资料不准确，或者未按照期限提供必需的勘察、设计工作条件而造成勘察、设计的返工、停工或者修改设计，发包人应当按照勘察人、设计人实际消耗的工作量增付费用。

发包人未按照约定支付价款的，承包人可以催告发包人在合理期限内支付价款。发包人逾期不支付的，除按照建设工程的性质不宜折价、拍卖的以外，承包人可以与发包人协议将该工程折价，也可以申请人民法院将该工程依法拍卖。建设工程的价款就该工程折价或者拍卖的价款优先受偿。

（八）关于运输合同的问题

163. 运输合同除了具有合同的一般性条款外，还包含哪些主要内容？

运输合同是承运人将旅客或者货物从起运地点运输到约定地点，旅客、托运人或者收货人支付票款或者运输费用的合同。

164. 运输合同承运人应当承担什么特别义务？

从事公共运输的承运人不得拒绝旅客、托运人通常、合理的运输要求。

承运人应当在约定期间或者合理期间内将旅客、货物安全运输到约定地点。

承运人应当按照约定的或者通常的运输路线将旅客、货物运输到约定地点。

165. 运输合同的旅客、托运人或收货人有什么基本义务？

运输合同的旅客、托运人或者收货人应当支付票款或者运输费用。

承运人未按照约定路线或者通常路线运输增加票款或者运输费用的,旅客、托运人或者收货人可以拒绝支付增加部分的票款或者运输费用。

166. 运输合同中的客运合同有何特别内容？

客运合同自承运人向旅客交付客票时成立,但当事人另有约定或者另有交易习惯的除外。

旅客应当持有效客票乘运。旅客无票乘运、超程乘运、越级乘运或者持失效客票乘运的,应当补交票款,承运人可以按照规定加收票款。旅客不交付票款的,承运人可以拒绝运输。

旅客因自己的原因不能按照客票记载的时间乘坐的,应当在约定的时间内办理退票或者变更手续。逾期办理的,承运人可以不退票款,并不再承担运输义务。

旅客在运输中应当按照约定的限量携带行李。超过限量携带行李的,应当办理托运手续。

旅客不得随身携带或者在行李中夹带易燃、易爆、有毒、有腐蚀性、有放射性以及有可能危及运输工具上人身和财产安全的危险物品或者其他违禁物品。

旅客违反以上规定的,承运人可以将违禁物品卸下、销毁或者送交有关部门。旅客坚持携带或者夹带违禁物品的,承运人应当拒绝运输。

承运人应当向旅客及时告知有关不能正常运输的重要事由和安全运输应当注意的事项。

承运人应当按照客票载明的时间和班次运输旅客。承运人迟延运输的,应当根据旅客的要求安排改乘其他班次或者退票。

承运人擅自变更运输工具而降低服务标准的,应当根据旅客的要求退票或者减收票款;提高服务标准的,不应当加收票款。

承运人在运输过程中,应当尽力救助患有急病、分娩、遇险的旅客。

承运人应当对运输过程中旅客的伤亡承担损害赔偿责任,但伤亡是旅客自身健康原因造成的或者承运人证明伤亡是旅客故意、重大过失造成的除外。

在运输过程中旅客自带物品毁损、灭失,承运人有过错的,应当承担损害赔偿责任。

旅客托运的行李毁损、灭失的,适用货物运输的有关规定。

167. 运输合同中的货运合同有哪些特别内容？

货运合同托运人办理货物运输,应当向承运人准确表明收货人的名称或者姓名或者凭指示的收货人,货物的名称、性质、重量、数量,收货地点等有关货物运输的必要情况。

因托运人申报不实或者遗漏重要情况,造成承运人损失的,托运人应当承担损害赔偿责任。

货物运输需要办理审批、检验等手续的,托运人应当将办理完有关手续的文件提交承运人。

托运人应当按照约定的方式包装货物。对包装方式没有约定或者约定不明确的,适用法律的其他规定。托运人违反规定的,承运人可以拒绝运输。

托运人托运易燃、易爆、有毒、有腐蚀性、有放射性等危险物品的,应当按照国家有关危险物品运输的规定对危险物品妥善包装,作出危险物标志和标签,并将有关危险物品的名称、性质和防范措施的书面材料提交承运人。

托运人违反以上规定的,承运人可以拒绝运输,也可以采取相应措施以避免损失的发生,由此产生的费用由托运人承担。

在承运人将货物交付收货人之前,托运人可以要求承运人中止运输、返还货物、变更到达地或者将货物交给其他收货人,但应当赔偿承运人因此受到的损失。

货物运输到达后,承运人知道收货人的,应当及时通知收货人,收货人应当及时提货。收货人逾期提货的,应当向承运人支付保管费等费用。

收货人提货时应当按照约定的期限检验货物。对检验货物的期限没有约定或者约定不明确,依法仍不能确定的,应当在合理期限内检验货物。收货人在约定的期限或者合理期限内对货物的数量、毁损等未提出异议的,视为承运人已经按照运输单证的记载交付的初步证据。

承运人对运输过程中货物的毁损、灭失承担损害赔偿责任,但承运人证明货物的毁损、灭失是因不可抗力、货物本身的自然性质或者合理损耗以及托运人、收货人的过错造成的,不承担损害赔偿责任。

货物的毁损、灭失的赔偿额,当事人有约定的,按照其约定;没有约定或者约定不明确,依法仍不能确定的,按照交付或者应当交付时货物到达地的市场价格计算。法律、行政法规对赔偿额的计算方法和赔偿限额另有规定的,依照其规定。

两个以上承运人以同一运输方式联运的,与托运人订立合同的承运人应当对全程运输承担责任。损失发生在某一运输区段的,与托运人订立合同的承运人和该区段的承运人承担连带责任。

货物在运输过程中因不可抗力灭失,未收取运费的,承运人不得要求支付运费;已收取运费的,托运人可以要求返还。

托运人或者收货人不支付运费、保管费以及其他运输费用的,承运人对相应的运输货物享有留置权,但当事人另有约定的除外。

收货人不明或者收货人无正当理由拒绝受领货物的,依照《合同法》第101条的规定,承运人可以提存货物。

168. 运输合同中的多式联运合同有哪些特别内容?

多式联运经营人负责履行或者组织履行多式联运合同,对全程运输享有承运人的权利,承担承运人的义务。

多式联运经营人可以与参加多式联运的各区段承运人就多式联运合同的各区段运输约定相互之间的责任,但该约定不影响多式联运经营人对全程运输承担的义务。

多式联运经营人收到托运人交付的货物时,应当签发多式联运单据。按照托运人的要求,多式联运单据可以是可转让单据,也可以是不可转让单据。

因托运人托运货物时的过错造成多式联运经营人损失的,即使托运人已经转让多式联运单据,托运人仍然应当承担损害赔偿责任。

货物的毁损、灭失发生于多式联运的某一运输区段的,多式联运经营人的赔偿责任和责任限额,适用调整该区段运输方式的有关法律规定。货物毁损、灭失发生的运输区段不能确定的,依照运输合同中的规定承担损害赔偿责任。

(九) 关于技术合同的问题

169. 技术合同除了具有合同的一般性条款外,还包含哪些主要内容?

技术合同是当事人就技术开发、转让、咨询或者服务订立的确立相互之间权利和义务的合同。

订立技术合同,应当有利于科学技术的进步,加速科学技术成果的转化、应用和推广。

技术合同的内容由当事人约定,一般包括以下条款:

(1) 项目名称;

(2) 标的的内容、范围和要求;

(3) 履行的计划、进度、期限、地点、地域和方式;

(4) 技术情报和资料的保密;

(5) 风险责任的承担;

(6) 技术成果的归属和收益的分成办法;

(7) 验收标准和方法;

(8) 价款、报酬或者使用费及其支付方式;

(9) 违约金或者损失赔偿的计算方法;

(10) 解决争议的方法;

（11）名词和术语的解释。

与履行合同有关的技术背景资料、可行性论证和技术评价报告、项目任务书和计划书、技术标准、技术规范、原始设计和工艺文件，以及其他技术文档，按照当事人的约定可以作为合同的组成部分。

技术合同涉及专利的，应当注明发明创造的名称、专利申请人和专利权人、申请日期、申请号、专利号以及专利权的有效期限。

技术合同价款、报酬或者使用费的支付方式由当事人约定，可以采取一次总算、一次总付或者一次总算、分期支付，也可以采取提成支付或者提成支付附加预付入门费的方式。

约定提成支付的，可以按照产品价格、实施专利和使用技术秘密后新增的产值、利润或者产品销售额的一定比例提成，也可以按照约定的其他方式计算。提成支付的比例可以采取固定比例、逐年递增比例或者逐年递减比例。

约定提成支付的，当事人应当在合同中约定查阅有关会计账目的办法。

170. 技术合同中就技术成果的权属如何规定？

职务技术成果的使用权、转让权属于法人或者其他组织的，法人或者其他组织可以就该项职务技术成果订立技术合同。法人或者其他组织应当从使用和转让该项职务技术成果所取得的收益中提取一定比例，对完成该项职务技术成果的个人给予奖励或者报酬。法人或者其他组织在订立技术合同转让职务技术成果时，职务技术成果的完成人享有以同等条件优先受让的权利。

职务技术成果是执行法人或者其他组织的工作任务，或者主要是利用法人或者其他组织的物质技术条件所完成的技术成果。

非职务技术成果的使用权、转让权属于完成技术成果的个人，完成技术成果的个人可以就该项非职务技术成果订立技术合同。

完成技术成果的个人有在有关技术成果文件上写明自己是技术成果完成者的权利和取得荣誉证书、奖励的权利。

171. 什么样的技术合同无效？

非法垄断技术、妨碍技术进步或者侵害他人技术成果的技术合同无效。

172. 技术开发合同除了具有技术合同的一般性条款外，还包含哪些主要内容？

技术开发合同是指当事人之间就新技术、新产品、新工艺或者新材料及其系统的研究开发所订立的合同。

技术开发合同包括委托开发合同和合作开发合同。

技术开发合同应当采用书面形式。

当事人之间就具有产业应用价值的科技成果实施转化订立的合同,参照技术开发合同的规定。

173. 委托开发合同除了具有技术开发合同的一般性条款外,还包含哪些主要内容?

委托开发合同的委托人应当按照约定支付研究开发经费和报酬,提供技术资料、原始数据,完成协作事项,接受研究开发成果。

委托开发合同的研究开发人应当按照约定制定和实施研究开发计划;合理使用研究开发经费;按期完成研究开发工作,交付研究开发成果,提供有关的技术资料和必要的技术指导,帮助委托人掌握研究开发成果。

委托人违反约定造成研究开发工作停滞、延误或者失败的,应当承担违约责任。

研究开发人违反约定造成研究开发工作停滞、延误或者失败的,应当承担违约责任。

174. 合作开发合同除了具有技术开发合同的一般性条款外,还包含哪些主要内容?

合作开发合同的当事人应当按照约定进行投资,包括以技术进行投资,分工参与研究开发工作,协作配合研究开发工作。

合作开发合同的当事人违反约定造成研究开发工作停滞、延误或者失败的,应当承担违约责任。

175. 技术开发合同在什么情形下可以解除?

因作为技术开发合同标的的技术已经由他人公开,致使技术开发合同的履行没有意义的,当事人可以解除合同。

176. 技术开发合同的风险责任如何承担?

在技术开发合同履行过程中,因出现无法克服的技术困难,致使研究开发失败或者部分失败的,该风险责任由当事人约定。

没有约定或者约定不明确,依法仍不能确定的,风险责任由当事人合理分担。

当事人一方发现可能致使研究开发失败或者部分失败的情形时,应当及时通知另一方并采取适当措施减少损失。没有及时通知并采取适当措施,致使损失扩大的,应当就扩大的损失承担责任。

177. 技术开发合同成果如何确定归属?

委托开发完成的发明创造,除当事人另有约定的以外,申请专利的权利属于研究开发人。研究开发人取得专利权的,委托人可以免费实施该专利。

研究开发人转让专利申请权的,委托人享有以同等条件优先受让的权利。

合作开发完成的发明创造,除当事人另有约定的以外,申请专利的权利属于合作开发的当事人共有。当事人一方转让其共有的专利申请权的,其他各方享有以同等条件优先受让的权利。

合作开发的当事人一方声明放弃其共有的专利申请权的,可以由另一方单独申请或者由其他各方共同申请。申请人取得专利权的,放弃专利申请权的一方可以免费实施该专利。

合作开发的当事人一方不同意申请专利的,另一方或者其他各方不得申请专利。

委托开发或者合作开发完成的技术秘密成果的使用权、转让权以及利益的分配办法,由当事人约定。没有约定或者约定不明确,依法仍不能确定的,当事人均有使用和转让的权利,但委托开发的研究开发人不得在向委托人交付研究开发成果之前,将研究开发成果转让给第三人。

178. 技术转让合同除了具有技术合同的一般性条款外,还包含哪些主要内容?

技术转让合同包括专利权转让、专利申请权转让、技术秘密转让、专利实施许可合同。

技术转让合同应当采用书面形式。

技术转让合同可以约定让与人和受让人实施专利或者使用技术秘密的范围,但不得限制技术竞争和技术发展。

专利实施许可合同只在该专利权的存续期间内有效。专利权有效期限届满或者专利权被宣布无效的,专利权人不得就该专利与他人订立专利实施许可合同。

专利实施许可合同的让与人应当按照约定许可受让人实施专利,交付实施专利有关的技术资料,提供必要的技术指导。

专利实施许可合同的受让人应当按照约定实施专利,不得许可约定以外的第三人实施该专利,并按照约定支付使用费。

技术秘密转让合同的让与人应当按照约定提供技术资料,进行技术指导,保证技术的实用性、可靠性,承担保密义务。

技术秘密转让合同的受让人应当按照约定使用技术,支付使用费,承担保密义务。

技术转让合同的让与人应当保证自己是所提供的技术的合法拥有者,并保证所提供的技术完整、无误、有效,能够达到约定的目标。

技术转让合同的受让人应当按照约定的范围和期限,对让与人提供的技术中尚未公开的秘密部分,承担保密义务。

让与人未按照约定转让技术的,应当返还部分或者全部使用费,并应当承担违约责任;实施专利或者使用技术秘密超越约定的范围的,违反约定擅自许可第三人实施该项专利或者使用该项技术秘密的,应当停止违约行为,承担违约责任;违反约定的保密义务的,应当承担违约责任。

179. 技术转让合同的让与人、受让人需要承担的主要责任有哪些?

让与人未按照约定转让技术的,应当返还部分或者全部使用费,并应当承担违约责任;实施专利或者使用技术秘密超越约定的范围的,违反约定擅自许可第三人实施该项专利或者使用该项技术秘密的,应当停止违约行为,承担违约责任;违反约定的保密义务的,应当承担违约责任。

受让人未按照约定支付使用费的,应当补交使用费并按照约定支付违约金;不补交使用费或者支付违约金的,应当停止实施专利或者使用技术秘密,交还技术资料,承担违约责任;实施专利或者使用技术秘密超越约定的范围的,未经让与人同意擅自许可第三人实施该专利或者使用该技术秘密的,应当停止违约行为,承担违约责任;违反约定的保密义务的,应当承担违约责任。

受让人按照约定实施专利、使用技术秘密侵害他人合法权益的,由让与人承担责任,但当事人另有约定的除外。

技术转让合同的受让人应当按照约定的范围和期限,对让与人提供的技术中尚未公开的秘密部分,承担保密义务。

180. 因技术转让合同而产生的后续技术成果,如何确定归属和分享?

当事人可以按照互利的原则,在技术转让合同中约定实施专利、使用技术秘密后续改进的技术成果的分享办法。没有约定或者约定不明确,依法仍不能确定的,一方后续改进的技术成果,其他各方无权分享。

181. 技术咨询合同除了具有技术合同的一般性条款外,还包含哪些主要内容?

技术咨询合同包括就特定技术项目提供可行性论证、技术预测、专题技术调查、分析评价报告等合同。

技术服务合同是指当事人一方以技术知识为另一方解决特定技术问题所订立的合同,不包括建设工程合同和承揽合同。

技术咨询合同的委托人应当按照约定阐明咨询的问题,提供技术背景材料及有关技术资料、数据;接受受托人的工作成果,支付报酬。

技术咨询合同的受托人应当按照约定的期限完成咨询报告或者解答问题;提出的咨询报告应当达到约定的要求。

技术咨询合同的委托人未按照约定提供必要的资料和数据,影响工作进度和质量,不接受或者逾期接受工作成果的,支付的报酬不得追回,未支付的报酬应当支付。

技术咨询合同的受托人未按期提出咨询报告或者提出的咨询报告不符合约定的,应当承担减收或者免收报酬等违约责任。

技术咨询合同的委托人按照受托人符合约定要求的咨询报告和意见作出决策所造成的损失,由委托人承担,但当事人另有约定的除外。

182. 技术服务合同除了具有技术合同的一般性条款外,还包含哪些主要内容?

技术服务合同的委托人应当按照约定提供工作条件,完成配合事项,接受工作成果并支付报酬。

技术服务合同的受托人应当按照约定完成服务项目,解决技术问题,保证工作质量,并传授解决技术问题的知识。

技术服务合同的委托人不履行合同义务或者履行合同义务不符合约定,影响工作进度和质量,不接受或者逾期接受工作成果的,支付的报酬不得追回,未支付的报酬应当支付。

技术服务合同的受托人未按照合同约定完成服务工作的,应当承担免收报酬等违约责任。

183. 在技术咨询合同、技术服务合同履行过程中新创技术成果,如何确定归属和分享?

在技术咨询合同、技术服务合同履行过程中,受托人利用委托人提供的技术资料和工作条件完成的新的技术成果,属于受托人。

委托人利用受托人的工作成果完成的新的技术成果,属于委托人。当事人另有约定的,按照其约定。

(十) 关于保管合同的问题

184. 保管合同除了具有合同的一般性条款外,还包含哪些主要内容?

保管合同是保管人保管寄存人交付的保管物,并返还该物的合同。

保管合同寄存人应当按照约定向保管人支付保管费。

保管合同当事人对保管费没有约定或者约定不明确,依法仍不能确定的,保管是无偿的。

185. 保管合同何时成立?

保管合同自保管物交付时成立,但当事人另有约定的除外。

186. 保管合同的寄存人、保管人分别应承担什么义务?

保管合同的寄存人向保管人交付保管物的,保管人应当给付保管凭证,但另有交易习惯的除外。

保管合同的保管人应当妥善保管保管物。

保管合同当事人可以约定保管场所或者方法。除紧急情况或者为了维护寄存人利益的以外,不得擅自改变保管场所或者方法。

寄存人交付的保管物有瑕疵或者按照保管物的性质需要采取特殊保管措施的,寄存人应当将有关情况告知保管人。寄存人未告知,致使保管物受损失的,保管人不承担损害赔偿责任;保管人因此受损失的,除保管人知道或者应当知道并且未采取补救措施的以外,寄存人应当承担损害赔偿责任。

保管人不得将保管物转交第三人保管,但当事人另有约定的除外。保管人违反规定,将保管物转交第三人保管,对保管物造成损失的,应当承担损害赔偿责任。

保管人不得使用或者许可第三人使用保管物,但当事人另有约定的除外。

第三人对保管物主张权利的,除依法对保管物采取保全或者执行的以外,保管人应当履行向寄存人返还保管物的义务。

第三人对保管人提起诉讼或者对保管物申请扣押的,保管人应当及时通知寄存人。

保管期间,因保管人保管不善造成保管物毁损、灭失的,保管人应当承担损害赔偿责任,但保管是无偿的,保管人证明自己没有重大过失的,不承担损害赔偿责任。

寄存人寄存货币、有价证券或者其他贵重物品的,应当向保管人声明,由保管人验收或者封存。寄存人未声明的,该物品毁损、灭失后,保管人可以按照一般物品予以赔偿。

保管期间届满或者寄存人提前领取保管物的,保管人应当将原物及其孳息归还寄存人。

保管人保管货币的,可以返还相同种类、数量的货币。保管其他可替代物的,可以按照约定返还相同种类、品质、数量的物品。

有偿的保管合同,寄存人应当按照约定的期限向保管人支付保管费。当事人对支付期限没有约定或者约定不明确,依法仍不能确定的,应当在领取保管物的同时支付。

寄存人未按照约定支付保管费以及其他费用的,保管人对保管物享有留置权,但当事人另有约定的除外。

187. 保管合同的寄存人可以随时领取保管物吗？

当事人对保管期间没有约定或者约定不明确的,保管人可以随时要求寄存人领取保管物;约定保管期间的,保管人无特别事由,不得要求寄存人提前领取保管物。

(十一) 关于仓储合同的问题

188. 仓储合同除了具有合同的一般性条款外,还包含哪些主要内容？

仓储合同是保管人储存存货人交付的仓储物,存货人支付仓储费的合同。

储存易燃、易爆、有毒、有腐蚀性、有放射性等危险物品或者易变质物品,存货人应当说明该物品的性质,提供有关资料。

存货人违反规定的,保管人可以拒收仓储物,也可以采取相应措施以避免损失的发生,因此产生的费用由存货人承担。

保管人储存易燃、易爆、有毒、有腐蚀性、有放射性等危险物品的,应当具备相应的保管条件。

保管人应当按照约定对入库仓储物进行验收。保管人验收时发现入库仓储物与约定不符的,应当及时通知存货人。保管人验收后,发生仓储物的品种、数量、质量不符合约定的,保管人应当承担损害赔偿责任。

存货人交付仓储物的,保管人应当给付仓单。

189. 仓储合同何时生效？

仓储合同自成立时生效。

190. 仓储合同的仓单应载哪些事项？

仓储合同的仓单包括下列事项:

(1) 存货人的名称或者姓名和住所;

(2) 仓储物的品种、数量、质量、包装、件数和标记;

(3) 仓储物的损耗标准;

(4) 储存场所;

(5) 储存期间;

(6) 仓储费;

(7) 仓储物已经办理保险的,其保险金额、期间以及保险人的名称;

(8) 填发人、填发地和填发日期。

保管人应当在仓单上签字或者盖章。

191. 仓储合同的仓单可以转让吗?

仓单是提取仓储物的凭证。

存货人或者仓单持有人在仓单上背书并经保管人签字或者盖章的,可以转让提取仓储物的权利。

192. 仓储合同的双方需要承当的特殊责任有哪些?

保管人根据存货人或者仓单持有人的要求,应当同意其检查仓储物或者提取样品。

保管人对入库仓储物发现有变质或者其他损坏的,应当及时通知存货人或者仓单持有人。

保管人对入库仓储物发现有变质或者其他损坏,危及其他仓储物的安全和正常保管的,应当催告存货人或者仓单持有人作出必要的处置。因情况紧急,保管人可以作出必要的处置,但事后应当将该情况及时通知存货人或者仓单持有人。

193. 仓储合同的仓储物提取时间如何确定?

当事人对储存期间没有约定或者约定不明确的,存货人或者仓单持有人可以随时提取仓储物,保管人也可以随时要求存货人或者仓单持有人提取仓储物,但应当给予必要的准备时间。

储存期间届满,存货人或者仓单持有人应当凭仓单提取仓储物。存货人或者仓单持有人逾期提取的,应当加收仓储费;提前提取的,不减收仓储费。

储存期间届满,存货人或者仓单持有人不提取仓储物的,保管人可以催告其在合理期限内提取,逾期不提取的,保管人可以提存仓储物。

194. 仓储合同的保管人如何承担违约责任?

储存期间,因保管人保管不善造成仓储物毁损、灭失的,保管人应当承担损害赔偿责任。

因仓储物的性质、包装不符合约定或者超过有效储存期造成仓储物变质、损坏的,保管人不承担损害赔偿责任。

(十二) 关于委托合同的问题

195. 委托合同除了具有合同的一般性条款外,还包含哪些主要内容? 委托人和受托人分别应承担哪些义务?

委托合同是委托人和受托人约定,由受托人处理委托人事务的合同。

委托人可以特别委托受托人处理一项或者数项事务,也可以概括委托受托人处理一切事务。

委托人应当预付处理委托事务的费用。受托人为处理委托事务垫付的必要费用,委托人应当偿还该费用及其利息。

受托人应当按照委托人的指示处理委托事务。需要变更委托人指示的,应当经委托人同意。因情况紧急,难以和委托人取得联系的,受托人应当妥善处理委托事务,但事后应当将该情况及时报告委托人。

受托人应当亲自处理委托事务。经委托人同意,受托人可以转委托。转委托经同意的,委托人可以就委托事务直接指示转委托的第三人,受托人仅就第三人的选任及其对第三人的指示承担责任。转委托未经同意的,受托人应当对转委托的第三人的行为承担责任,但在紧急情况下受托人为维护委托人的利益需要转委托的除外。

受托人应当按照委托人的要求,报告委托事务的处理情况。委托合同终止时,受托人应当报告委托事务的结果。

受托人以自己的名义,在委托人的授权范围内与第三人订立的合同,第三人在订立合同时知道受托人与委托人之间的代理关系的,该合同直接约束委托人和第三人,但有确切证据证明该合同只约束受托人和第三人的除外。

受托人以自己的名义与第三人订立合同时,第三人不知道受托人与委托人之间的代理关系的,受托人因第三人的原因对委托人不履行义务,受托人应当向委托人披露第三人,委托人因此可以行使受托人对第三人的权利,但第三人与受托人订立合同时如果知道该委托人就不会订立合同的除外。

受托人因委托人的原因对第三人不履行义务,受托人应当向第三人披露委托人,第三人因此可以选择受托人或者委托人作为相对人主张其权利,但第三人不得变更选定的相对人。

委托人行使受托人对第三人的权利的,第三人可以向委托人主张其对受托人的抗辩。第三人选定委托人作为其相对人的,委托人可以向第三人主张其对受托人的抗辩以及受托人对第三人的抗辩。

受托人处理委托事务取得的财产,应当转交给委托人。

受托人完成委托事务的,委托人应当向其支付报酬。因不可归责于受托人的事由,委托合同解除或者委托事务不能完成的,委托人应当向受托人支付相应的报酬。当事人另有约定的,按照其约定。

有偿的委托合同,因受托人的过错给委托人造成损失的,委托人可以要求赔偿损失。无偿的委托合同,因受托人的故意或者重大过失给委托人造成损失的,委托人可以要求赔偿损失。

受托人超越权限给委托人造成损失的,应当赔偿损失。

196. 委托合同的受托人处理委托事务时，受到损失的，如何处理？

委托合同的受托人处理委托事务时，因不可归责于自己的事由受到损失的，可以向委托人要求赔偿损失。

197. 委托合同的委托人可以委托第三人处理委托事务吗？

委托合同的委托人经受托人同意，可以在受托人之外委托第三人处理委托事务。因此给受托人造成损失的，受托人可以向委托人要求赔偿损失。

198. 两个以上的受托人共同处理委托事务的，如何承担责任？

两个以上的受托人共同处理委托事务的，对委托人承担连带责任。

199. 委托合同的委托人或者受托人可以随时解除委托合同吗？

委托人或者受托人可以随时解除委托合同。因解除合同给对方造成损失的，除不可归责于该当事人的事由以外，应当赔偿损失。

200. 委托合同在什么情形下，可以终止？

委托人或者受托人死亡、丧失民事行为能力或者破产的，委托合同终止，但当事人另有约定或者根据委托事务的性质不宜终止的除外。

因委托人死亡、丧失民事行为能力或者破产，致使委托合同终止将损害委托人利益的，在委托人的继承人、法定代理人或者清算组织承受委托事务之前，受托人应当继续处理委托事务。

因受托人死亡、丧失民事行为能力或者破产，致使委托合同终止的，受托人的继承人、法定代理人或者清算组织应当及时通知委托人。因委托合同终止将损害委托人利益的，在委托人作出善后处理之前，受托人的继承人、法定代理人或者清算组织应当采取必要措施。

（十三）关于行纪合同的问题

201. 行纪合同除了具有合同的一般性条款和合同当事人约定外，合同双方应承担的主要义务还有哪些？

行纪合同是行纪人以自己的名义为委托人从事贸易活动，委托人支付报酬的合同。

行纪人处理委托事务支出的费用，由行纪人负担，但当事人另有约定的除外。

行纪人占有委托物的，应当妥善保管委托物。

委托物交付给行纪人时有瑕疵或者容易腐烂、变质的,经委托人同意,行纪人可以处分该物,和委托人不能及时取得联系的,行纪人可以合理处分。

行纪人按照约定买入委托物,委托人应当及时受领。经行纪人催告,委托人无正当理由拒绝受领的,行纪人依法可以提存委托物。

委托物不能卖出或者委托人撤回出卖,经行纪人催告,委托人不取回或者不处分该物的,行纪人依法可以提存委托物。

行纪人完成或者部分完成委托事务的,委托人应当向其支付相应的报酬。

委托人逾期不支付报酬的,行纪人对委托物享有留置权,但当事人另有约定的除外。

202. 行纪人低于或高于委托人指定的价格卖出、高于或低于委托人指定的价格买入,如何处理?

行纪人低于委托人指定的价格卖出或者高于委托人指定的价格买入的,应当经委托人同意。未经委托人同意,行纪人补偿其差额的,该买卖对委托人发生效力。

行纪人高于委托人指定的价格卖出或者低于委托人指定的价格买入的,可以按照约定增加报酬。没有约定或者约定不明确,依法仍不能确定的,该利益属于委托人。

委托人对价格有特别指示的,行纪人不得违背该指示卖出或者买入。

203. 行纪人卖出或者买入具有市场定价的商品,自己可以作为买受人或者出卖人吗?

行纪合同的行纪人卖出或者买入具有市场定价的商品,除委托人有相反的意思表示的以外,行纪人自己可以作为买受人或者出卖人。

204. 行纪人自己作为买受人或者出卖人情形的,仍然可以要求委托人支付报酬吗?

行纪合同的行纪人自己作为买受人或者出卖人情形的,仍然可以要求委托人支付报酬。

205. 行纪人与第三人订立合同的,谁享有权利? 谁承担责任?

行纪人与第三人订立合同的,行纪人对该合同直接享有权利、承担义务。

第三人不履行义务致使委托人受到损害的,行纪人应当承担损害赔偿责任,但行纪人与委托人另有约定的除外。

（十四）关于居间合同的问题

206. 居间合同除了具有合同的一般性条款和合同当事人约定外，合同双方应承担的主要义务还有哪些？

居间合同是居间人向委托人报告订立合同的机会或者提供订立合同的媒介服务，委托人支付报酬的合同。

居间人应当就有关订立合同的事项向委托人如实报告。

居间人故意隐瞒与订立合同有关的重要事实或者提供虚假情况，损害委托人利益的，不得要求支付报酬并应当承担损害赔偿责任。

居间人促成合同成立后，委托人应当按照约定支付报酬。对居间人的报酬没有约定或者约定不明确，依法仍不能确定的，根据居间人的劳务合理确定。因居间人提供订立合同的媒介服务而促成合同成立的，由该合同的当事人平均负担居间人的报酬。

207. 居间人从事居间活动产生的费用，如何承担？

居间人促成合同成立的，居间活动的费用，由居间人负担。

居间人未促成合同成立的，不得要求支付报酬，但可以要求委托人支付从事居间活动支出的必要费用。

九、问担保

（一）关于担保的基本问题

1. 哪些经济活动中,可以担保的方式保障债权的实现?

在借贷、买卖、货物运输、加工承揽等经济活动中,债权人需要以担保方式保障其债权实现的,可以依法设定担保。

2. 担保方式有哪些?

《担保法》规定的担保方式为保证、抵押、质押、留置和定金五种。

3. 担保的基本原则有哪些?

担保活动应当遵循平等、自愿、公平、诚实信用的原则。

4. 第三人为债务人向债权人提供担保时,可以要求债务人提供反担保吗?

第三人为债务人向债权人提供担保时,可以要求债务人提供反担保。

5. 担保合同与主合同是何种关系?

担保合同是主合同的从合同,主合同无效,担保合同无效。担保合同另有约定的,按照约定。

担保合同被确认无效后,债务人、担保人、债权人有过错的,应当根据其过错各自承担相应的民事责任。

6. 担保合同有哪些表现形式?

保证合同、抵押合同、质押合同、定金合同可以是单独订立的书面合同,包括当事人之间的具有担保性质的信函、传真等,也可以是主合同中的担保条款。

7. 担保物折价或变卖的价格如何确定?

抵押物、质物、留置物折价或者变卖,应当参照市场价格。

（二）关于保证担保的问题

8. 保证担保行为的法律后果是什么？

保证，是保证人和债权人约定，当债务人不履行债务时，保证人按照约定履行债务或者承担责任的行为。

9. 哪些人可以作保证担保的保证人？哪些人不得作保证人？

具有代为清偿债务能力的法人、其他组织或者公民，可以作保证担保的保证人。

国家机关不得为保证人，但经国务院批准为使用外国政府或者国际经济组织贷款进行转贷的除外。

学校、幼儿园、医院等以公益为目的的事业单位、社会团体不得为保证人。

企业法人的分支机构、职能部门不得为保证人。

企业法人的分支机构有法人书面授权的，可以在授权范围内提供保证。

任何单位和个人不得强令银行等金融机构或者企业为他人提供保证；银行等金融机构或者企业对强令其为他人提供保证的行为，有权拒绝。

10. 同一债务有两个以上保证人的，如何承担责任？

同一债务有两个以上保证人的，保证人应当按照保证合同约定的保证份额，承担保证责任。没有约定保证份额的，保证人承担连带责任，债权人可以要求任何一个保证人承担全部保证责任，保证人都负有担保全部债权实现的义务。已经承担保证责任的保证人，有权向债务人追偿，或者要求承担连带责任的其他保证人清偿其应当承担的份额。

11. 保证合同以什么方式订立？

保证人与债权人应当以书面形式订立保证合同。

保证人与债权人可以就单个主合同分别订立保证合同，也可以协议在最高债权额限度内就一定期间连续发生的借款合同或者某项商品交易合同订立一个保证合同。

12. 保证合同的主要内容有哪些？

保证合同应当包括以下内容：
（1）被保证的主债权种类、数额；
（2）债务人履行债务的期限；
（3）保证的方式；

（4）保证担保的范围；

（5）保证的期间；

（6）双方认为需要约定的其他事项。

保证合同不完全具备前款规定内容的，可以补正。

13. 保证的方式有哪些？

保证的方式有：

（1）一般保证；

（2）连带责任保证。

14. 保证合同中一般保证的保证人如何承担保证责任？

保证合同当事人在保证合同中约定，债务人不能履行债务时，由保证人承担保证责任的，为一般保证。

一般保证的保证人在主合同纠纷未经审判或者仲裁，并就债务人财产依法强制执行仍不能履行债务前，对债权人可以拒绝承担保证责任。

有下列情形之一的，保证人不得拒绝承担保证责任：

（1）债务人住所变更，致使债权人要求其履行债务发生重大困难的；

（2）人民法院受理债务人破产案件，中止执行程序的；

（3）保证人以书面形式放弃对债权人拒绝承担保证责任权利的。

15. 保证合同中连带保证的保证人如何承担保证责任？

保证合同当事人在保证合同中约定保证人与债务人对债务承担连带责任的，为连带责任保证。

连带责任保证的债务人在主合同规定的债务履行期届满没有履行债务的，债权人可以要求债务人履行债务，也可以要求保证人在其保证范围内承担保证责任。

16. 保证合同中对保证方式没有约定或约定不明的，如何确定保证责任？

保证合同当事人对保证方式没有约定或者约定不明确的，按照连带责任保证承担保证责任。

17. 保证人享有一般抗辩权吗？

抗辩权是指债权人行使债权时，债务人根据法定事由，对抗债权人行使请求权的权利。

一般保证和连带责任保证的保证人享有债务人的抗辩权。债务人放弃对债务的抗辩权的,保证人仍有权抗辩。

18. 保证担保包括哪些范围?

保证担保的范围包括主债权及利息、违约金、损害赔偿金和实现债权的费用。保证合同另有约定的,按照约定。

当事人对保证担保的范围没有约定或者约定不明确的,保证人应当对全部债务承担责任。

19. 保证期间,债权人依法将主债权转让给第三人的,保证责任如何承担?

保证期间,债权人依法将主债权转让给第三人的,保证人在原保证担保的范围内继续承担保证责任。保证合同另有约定的,按照约定。

20. 保证期间,债权人许可债务人转让债务的,保证责任如何承担?

保证期间,债权人许可债务人转让债务的,应当取得保证人书面同意;保证人对未经其同意转让的债务,不再承担保证责任。

21. 债权人与债务人协议变更主合同的,保证责任如何承担?

债权人与债务人协议变更主合同的,应当取得保证人书面同意,未经保证人书面同意的,保证人不再承担保证责任。保证合同另有约定的,按照约定。

22. 保证期间如何确定?

保证人与债权人可以在合同中约定保证期间。

一般保证的保证人与债权人未约定保证期间的,保证期间为主债务履行期届满之日起 6 个月。

连带责任保证的保证人与债权人未约定保证期间的,债权人有权自主债务履行期届满之日起 6 个月内要求保证人承担保证责任。

保证人依法就连续发生的债权作保证,未约定保证期间的,保证人可以随时书面通知债权人终止保证合同,但保证人对于通知到债权人前所发生的债权,承担保证责任。

在保证期间,债权人未对债务人提起诉讼或者申请仲裁的,保证人免除保证责任,债权人已提起诉讼或者申请仲裁的,保证期间适用诉讼时效中断的规定。

23. 保证担保与物的担保并存时保证责任如何承担?

同一债权既有保证又有物的担保的,保证人对物的担保以外的债权承担保证责任。

债权人放弃物的担保的,保证人在债权人放弃权利的范围内免除保证责任。

24. 企业法人的分支机构订立的无效保证合同,如何处理?

企业法人的分支机构未经法人书面授权或者超出授权范围与债权人订立保证合同的,该合同无效或者超出授权范围的部分无效。债权人和企业法人有过错的,应当根据其过错各自承担相应的民事责任,债权人无过错的,由企业法人承担民事责任。

25. 什么情形下,可以免除保证人的保证责任?

有下列情形之一的,保证人不承担民事责任:

(1) 主合同当事人双方串通,骗取保证人提供保证的;

(2) 主合同债权人采取欺诈、胁迫等手段,使保证人在违背真实意思的情况下提供保证的。

26. 保证人承担保证责任后,如何处理?

保证人承担保证责任后,有权向债务人追偿。

人民法院受理债务人破产案件后,债权人未申报债权的,保证人可以参加破产财产分配,预先行使追偿权。

(三) 关于抵押担保的问题

27. 质押担保行为的法律后果是什么?

抵押,是债务人或者第三人(抵押人)不转移对依法抵押财产的占有,将抵押财产(抵押物)作为债权的担保。债务人不履行债务时,债权人(抵押权人)有权依法以该财产折价或者以拍卖、变卖该财产的价款优先受偿。

28. 哪些财产可用于抵押?

下列财产可以抵押:

(1) 抵押人所有的房屋和其他地上定着物;

(2) 抵押人所有的机器、交通运输工具和其他财产;

(3) 抵押人依法有权处分的国有的土地使用权、房屋和其他地上定着物;

(4) 抵押人依法有权处分的国有的机器、交通运输工具和其他财产;

(5) 抵押人依法承包并经发包方同意抵押的荒山、荒沟、荒丘、荒滩等荒地的土地使用权;

(6) 依法可以抵押的其他财产。

抵押人可以将多项财产一并抵押。

29. 哪些财产不得用于抵押？

下列财产不得抵押：

（1）土地所有权；

（2）耕地、宅基地、自留地、自留山等集体所有的土地使用权，但抵押人依法承包并经发包方同意抵押的荒山、荒沟、荒丘、荒滩等荒地的土地使用权，以乡（镇）、村企业的厂房等建筑物及其占用范围内的土地使用权同时抵押的除外；

（3）学校、幼儿园、医院等以公益为目的的事业单位、社会团体的教育设施、医疗卫生设施和其他社会公益设施；

（4）所有权、使用权不明或者有争议的财产；

（5）依法被查封、扣押、监管的财产；

（6）依法不得抵押的其他财产。

30. 抵押人所担保的债权可以超出其抵押物的价值吗？

抵押人所担保的债权不得超出其抵押物的价值。

31. 抵押财产的价值大于所担保债权的余额部分，可以再次抵押吗？

财产抵押后，该财产的价值大于所担保债权的余额部分，可以再次抵押，但不得超出其余额部分。

32. 以房屋抵押或以土地抵押的，房屋占用范围内的土地或土地上的房屋如何处理？

以依法取得的国有土地上的房屋抵押的，该房屋占用范围内的国有土地使用权同时抵押。

以出让方式取得的国有土地使用权抵押的，应当将抵押时该国有土地上的房屋同时抵押。

乡（镇）、村企业的土地使用权不得单独抵押。以乡（镇）、村企业的厂房等建筑物抵押的，其占用范围内的土地使用权同时抵押。

33. 抵押合同以什么形式订立？

抵押人和抵押权人应当以书面形式订立抵押合同。

34. 抵押合同的主要内容有哪些？

抵押合同应当包括以下内容：

（1）被担保的主债权种类、数额；

(2) 债务人履行债务的期限；

(3) 抵押物的名称、数量、质量、状况、所在地、所有权权属或者使用权权属；

(4) 抵押担保的范围；

(5) 当事人认为需要约定的其他事项。

抵押合同不完全具备以上规定内容的，可以补正。

订立抵押合同时，抵押权人和抵押人在合同中不得约定在债务履行期届满抵押权人未受清偿时，抵押物的所有权转移为债权人所有。

35. 抵押合同的抵押物需要办理抵押登记吗？

抵押合同的当事人以土地使用权、城市房地产或者乡(镇)、村企业的厂房等建筑物、林木、航空器、船舶、车辆、企业的设备和其他动产抵押的，应当办理抵押物登记，抵押合同自登记之日起生效。

抵押合同的当事人以其他财产抵押的，可以自愿办理抵押物登记，抵押合同自签订之日起生效。

抵押合同的当事人未办理抵押物登记的，不得对抗第三人。

36. 抵押物抵押登记的部门有哪些？

办理抵押物登记的部门如下：

(1) 以无地上定着物的土地使用权抵押的，为核发土地使用权证书的土地管理部门；

(2) 以城市房地产或者乡(镇)、村企业的厂房等建筑物抵押的，为县级以上地方人民政府规定的部门；

(3) 以林木抵押的，为县级以上林木主管部门；

(4) 以航空器、船舶、车辆抵押的，为运输工具的登记部门；

(5) 以企业的设备和其他动产抵押的，为财产所在地的工商行政管理部门。

登记部门登记的资料，允许查阅、抄录或者复印。

37. 抵押登记应提交的文件有哪些？

办理抵押物登记，应当向登记部门提供下列文件或者其复印件：

(1) 主合同和抵押合同；

(2) 抵押物的所有权或者使用权证书。

38. 抵押担保的范围包括哪些？

抵押担保的范围包括主债权及利息、违约金、损害赔偿金和实现抵押权的费用。抵押合同另有约定的，按照约定。

39. 债务履行期届满,债务人不履行债务,抵押物所生孳息如何处理?

债务履行期届满,债务人不履行债务致使抵押物被人民法院依法扣押的,自扣押之日起抵押权人有权收取由抵押物分离的天然孳息以及抵押人就抵押物可以收取的法定孳息。

抵押权人未将扣押抵押物的事实通知应当清偿法定孳息的义务人的,抵押权的效力不及于该孳息。

孳息应当先充抵收取孳息的费用。

40. 抵押物上已存在租赁权的,抵押后,租赁合同如何处理?

抵押人将已出租的财产抵押的,应当书面告知承租人,原租赁合同继续有效。

41. 抵押期间,抵押人转让已办理登记的抵押物的,如何处理?

抵押期间,抵押人转让已办理登记的抵押物的,应当通知抵押权人并告知受让人转让物已经抵押的情况。抵押人未通知抵押权人或者未告知受让人的,转让行为无效。

转让抵押物的价款明显低于其价值的,抵押权人可以要求抵押人提供相应的担保,抵押人不提供的,不得转让抵押物。

抵押人转让抵押物所得的价款,应当向抵押权人提前清偿所担保的债权或者向与抵押权人约定的第三人提存。超过债权数额的部分,归抵押人所有,不足部分由债务人清偿。

42. 抵押权可以与债权分离而单独转让或者作为其他债权的担保吗?

抵押权不得与债权分离而单独转让或者作为其他债权的担保。

43. 抵押权人在抵押权受侵害时,如何处理?

抵押人的行为足以使抵押物价值减少的,抵押权人有权要求抵押人停止其行为。抵押物价值减少时,抵押权人有权要求抵押人恢复抵押物的价值,或者提供与减少的价值相当的担保。

抵押人对抵押物价值减少无过错的,抵押权人只能在抵押人因损害而得到的赔偿范围内要求提供担保。抵押物价值未减少的部分,仍作为债权的担保。

44. 什么情形下,抵押权消灭?

抵押权与其担保的债权同时存在,债权消灭的,抵押权也消灭。

45. 如何实现抵押权?

债务履行期届满抵押权人未受清偿的,可以与抵押人协议以抵押物折价或者以拍卖、变卖该抵押物所得的价款受偿。协议不成的,抵押权人可以向人民法院提起诉讼。

抵押物折价或者拍卖、变卖后,其价款超过债权数额的部分归抵押人所有,不足部分由债务人清偿。

城市房地产抵押合同签订后,土地上新增的房屋不属于抵押物。需要拍卖该抵押的房地产时,可以依法将该土地上新增的房屋与抵押物一同拍卖,但对拍卖新增房屋所得,抵押权人无权优先受偿。

依法以承包的荒地的土地使用权抵押的,或者以乡(镇)、村企业的厂房等建筑物占用范围内的土地使用权抵押的,在实现抵押权后,未经法定程序不得改变土地集体所有和土地用途。

拍卖划拨的国有土地使用权所得的价款,在依法缴纳相当于应缴纳的土地使用权出让金的款额后,抵押权人有优先受偿权。

46. 同一财产向两个以上债权人抵押的,如何处理?

同一财产向两个以上债权人抵押的,拍卖、变卖抵押物所得的价款按照以下规定清偿:

(1)抵押合同已登记生效的,按照抵押物登记的先后顺序清偿;顺序相同的,按照债权比例清偿;

(2)抵押合同自签订之日起生效的,该抵押物已登记的,按照(1)项顺序清偿;未登记的,按照合同生效时间的先后顺序清偿,顺序相同的,按照债权比例清偿。抵押物已登记的先于未登记的受偿。

47. 为债务人抵押担保的第三人,在抵押权人实现抵押权后,如何处理?

为债务人抵押担保的第三人,在抵押权人实现抵押权后,有权向债务人追偿。

48. 抵押物灭失的,如何处理?

抵押权因抵押物灭失而消灭。因灭失所得的赔偿金,应当作为抵押财产。

49. 最高额抵押有哪些特别的内容?

最高额抵押,是抵押人与抵押权人协议,在最高债权额限度内,以抵押物对一定期间内连续发生的债权作担保。

借款合同可以附最高额抵押合同。

债权人与债务人就某项商品在一定期间内连续发生交易而签订的合同,可以附最高额抵押合同。

最高额抵押的主合同债权不得转让。

(四) 关于质押担保的问题

50. 质押有哪几种?

质押有动产质押和权利质押两种。

动产质押,是债务人或者第三人(出质人)将其动产(质物)移交债权人(质权人)占有,将该动产作为债权的担保。债务人不履行债务时,债权人有权依法以该动产折价或者以拍卖、变卖该动产的价款优先受偿。

权利质押,是债务人或者第三人(出质人)将其权利凭证(质权)移交债权人(质权人)占有,将该权利作为债权的担保。债务人不履行债务时,债权人有权依法以该权利折价或者以拍卖、变卖该权利的价款优先受偿。

51. 质押合同除了具有担保合同的一般性条款外,还有哪些主要内容?

出质人和质权人应当以书面形式订立质押合同。

质押合同自质物移交于质权人占有时生效。

质押合同应当包括以下内容:

(1) 被担保的主债权种类、数额;

(2) 债务人履行债务的期限;

(3) 质物的名称、数量、质量、状况;

(4) 质押担保的范围;

(5) 质物移交的时间;

(6) 当事人认为需要约定的其他事项。

质押合同不完全的,可以补正。

52. 出质人和质权人在合同中可以约定在债务履行期届满质权人未受清偿时,质物的所有权转移为质权人所有吗?

出质人和质权人在合同中不得约定在债务履行期届满质权人未受清偿时,质物的所有权转移为质权人所有。

53. 质押担保包括哪些范围?

质押担保的范围包括主债权及利息、违约金、损害赔偿金、质物保管费用和实现质权的费用。质押合同另有约定的,按照约定。

54. 质权人有权收取质物所生的孳息吗?

质权人有权收取质物所生的孳息。

质押合同另有约定的,按照约定。

孳息应当先充抵收取孳息的费用。

55. 质物的保管义务由谁承担?

质押合同的质权人负有妥善保管质物的义务。因保管不善致使质物灭失或者毁损的,质权人应当承担民事责任。

质权人不能妥善保管质物可能致使其灭失或者毁损的,出质人可以要求质权人将质物提存,或者要求提前清偿债权而返还质物。

56. 质物有损坏或者价值明显减少的可能,足以危害质权人权利的,如何处理?

质物有损坏或者价值明显减少的可能,足以危害质权人权利的,质权人可以要求出质人提供相应的担保。出质人不提供的,质权人可以拍卖或者变卖质物,并与出质人协议将拍卖或者变卖所得的价款用于提前清偿所担保的债权或者向与出质人约定的第三人提存。

57. 债务履行期届满,质物如何处理?

债务履行期届满债务人履行债务的,或者出质人提前清偿所担保的债权的,质权人应当返还质物。

债务履行期届满质权未受清偿的,可以与出质人协议以质物折价,也可以依法拍卖、变卖质物。

质物折价或者拍卖、变卖后,其价款超过债权数额的部分归出质人所有,不足部分由债务人清偿。

58. 为债务人质押担保的第三人,在质权人实现质权后如何处理?

为债务人质押担保的第三人,在质权人实现质权后,有权向债务人追偿。

59. 质物灭失的,如何处理?

质权因质物灭失而消灭。因灭失所得的赔偿金,应当作为出质财产。

60. 质权何时消灭?

质权与其担保的债权同时存在,债权消灭的,质权也消灭。

61. 哪些权利可以质押?

下列权利可以质押:
(1) 汇票、支票、本票、债券、存款单、仓单、提单;
(2) 依法可以转让的股份、股票;
(3) 依法可以转让的商标专用权,专利权、著作权中的财产权;
(4) 依法可以质押的其他权利。

以汇票、支票、本票、债券、存款单、仓单、提单出质的,应当在合同约定的期限内将权利凭证交付质权人。质押合同自权利凭证交付之日起生效。

以载明兑现或者提货日期的汇票、支票、本票、债券、存款单、仓单、提单出质的,汇票、支票、本票、债券、存款单、仓单、提单兑现或者提货日期先于债务履行期的,质权人可以在债务履行期届满前兑现或者提货,并与出质人协议将兑现的价款或者提取的货物用于提前清偿所担保的债权或者向与出质人约定的第三人提存。

62. 股权质权如何设定?

以依法可以转让的股票出质的,出质人与质权人应当订立书面合同,并向证券登记机构办理出质登记。质押合同自登记之日起生效。

股票出质后,不得转让,但经出质人与质权人协商同意的可以转让。出质人转让股票所得的价款应当向质权人提前清偿所担保的债权或者向与质权人约定的第三人提存。

以有限责任公司的股份出质的,适用公司法股份转让的有关规定。质押合同自股份出质记载于股东名册之日起生效。

63. 知识产权质权如何设定?

以依法可以转让的商标专用权,专利权、著作权中的财产权出质的,出质人与质权人应当订立书面合同,并向其管理部门办理出质登记。质押合同自登记之日起生效。

以依法可以转让的商标专用权,专利权、著作权中的财产权权利出质后,出质人不得转让或者许可他人使用,但经出质人与质权人协商同意的可以转让或者许可他人使用。出质人所得的转让费、许可费应当向质权人提前清偿所担保的债权或者向与质权人约定的第三人提存。

（五）关于留置担保的问题

64. 留置担保的范围包括哪些？

留置，是债权人依法按照合同约定占有债务人的动产，债务人不按照合同约定的期限履行债务的，债权人有权依法留置该财产，以该财产折价或者以拍卖、变卖该财产的价款优先受偿。

留置担保的范围包括主债权及利息、违约金、损害赔偿金，留置物保管费用和实现留置权的费用。

因保管合同、运输合同、加工承揽合同发生的债权，债务人不履行债务的，债权人有留置权。

当事人可以在合同中约定不得留置的物。

留置的财产为可分物的，留置物的价值应当相当于债务的金额。

65. 留置物由谁负责保管？

留置权人负有妥善保管留置物的义务。因保管不善致使留置物灭失或者毁损的，留置权人应当承担民事责任。

66. 如何实现留置权？

债权人与债务人应当在合同中约定，债权人留置财产后，债务人应当在不少于两个月的期限内履行债务。债权人与债务人在合同中未约定的，债权人留置债务人财产后，应当确定两个月以上的期限，通知债务人在该期限内履行债务。

债务人逾期仍不履行的，债权人可以与债务人协议以留置物折价，也可以依法拍卖、变卖留置物。

留置物折价或者拍卖、变卖后，其价款超过债权数额的部分归债务人所有，不足部分由债务人清偿。

67. 什么情形下，留置权消灭？

留置权因下列原因消灭：
(1) 债权消灭的；
(2) 债务人另行提供担保并被债权人接受的。

（六）关于定金担保的问题

68. 定金有何法律效力?

当事人可以约定一方向对方给付定金作为债权的担保。

债务人履行债务后,定金应当抵作价款或者收回。

给付定金的一方不履行约定的债务的,无权要求返还定金;收受定金的一方不履行约定的债务的,应当双倍返还定金。

69. 定金何时成立?

定金应当以书面形式约定。当事人在定金合同中应当约定交付定金的期限。定金合同从实际交付定金之日起生效。

70. 如何确定定金的数额?

定金的数额由当事人约定,但不得超过主合同标的额的20%。

十、问票据

（一）关于票据的基本问题

1. 我国《票据法》所规定的票据有哪几种？

我国《票据法》所规定的票据指汇票、本票和支票三种。

2. 票据活动基本原则有哪些？

票据活动应当遵守法律、行政法规，不得损害社会公共利益。

3. 票据出票人、持票人、票据债务人分别享有哪些权利？承担哪些义务？

票据权利，是持票人向票据债务人请求支付票据金额的权利，包括付款请求权和追索权。

票据责任，是指票据债务人向持票人支付票据金额的义务。

票据出票人制作票据，应当按照法定条件在票据上签章，并按照所记载的事项承担票据责任。

持票人行使票据权利，应当按照法定程序在票据上签章，并出示票据。

其他票据债务人在票据上签章的，按照票据所记载的事项承担票据责任。

4. 票据当事人可以委托代理人在票据上签章吗？

票据当事人可以委托其代理人在票据上签章，并应当在票据上表明其代理关系。

没有代理权而以代理人名义在票据上签章的，应当由签章人承担票据责任；代理人超越代理权限的，应当就其超越权限的部分承担票据责任。

5. 无民事行为能力人或者限制民事行为能力人在票据上签章有效吗？

无民事行为能力人或者限制民事行为能力人在票据上签章的，其签章无效，但是不影响其他签章的效力。

6. 票据签章有什么具体要求？

票据上的签章，为签名、盖章或者签名加盖章。

　　法人和其他使用票据的单位在票据上的签章,为该法人或者该单位的盖章加其法定代表人或者其授权的代理人的签章。

　　在票据上的签名,应当为该当事人的本名。

7. 票据金额的记载有什么具体要求?

　　票据金额以中文大写和数码同时记载,两者必须一致;两者不一致的,票据无效。

8. 票据的记载事项及其更改有何要求?

　　票据上的记载事项必须符合法律的规定。

　　票据金额、日期、收款人名称不得更改,更改的票据无效。

　　对票据上的其他记载事项,原记载人可以更改,更改时应当由原记载人签章证明。

9. 票据与其基础关系需要对应吗?

　　票据的签发、取得和转让,应当遵循诚实信用的原则,具有真实的交易关系和债权债务关系。

　　票据的取得,必须给付对价,即应当给付票据双方当事人认可的相对应的代价。

　　因税收、继承、赠与可以依法无偿取得票据的,不受给付对价的限制。但是,所享有的票据权利不得优于其前手的权利。

　　前手是指在票据签章人或者持票人之前签章的其他票据债务人。

　　以欺诈、偷盗或者胁迫等手段取得票据的,或者明知有前列情形,出于恶意取得票据的,不得享有票据权利。

　　持票人因重大过失取得不符合法律规定的票据的,也不得享有票据权利。

10. 票据债务人可以自己与出票人或者与持票人的前手之间的抗辩事由,对抗持票人吗?

　　票据债务人不得以自己与出票人或者与持票人的前手之间的抗辩事由,对抗持票人。但是,持票人明知存在抗辩事由而取得票据的除外。

　　票据债务人可以对不履行约定义务的与自己有直接债权债务关系的持票人,进行抗辩。

　　抗辩,是票据债务人依法对票据债权人拒绝履行义务的行为。

11. 票据上有伪造、变造的事项,如何承担责任?

　　票据上的记载事项应当真实,不得伪造、变造。伪造、变造票据上的签章和其他记载事项的,应当承担法律责任。

票据上有伪造、变造的签章的,不影响票据上其他真实签章的效力。

票据上其他记载事项被变造的,在变造之前签章的人,对原记载事项负责;在变造之后签章的人,对变造之后的记载事项负责;不能辨别是在票据被变造之前或者之后签章的,视同在变造之前签章。

12. 票据丧失,如何处理?

票据丧失,失票人可以及时通知票据的付款人挂失止付,但是,未记载付款人或者无法确定付款人及其代理付款人的票据除外。

收到挂失止付通知的付款人,应当暂停支付。

失票人应当在通知挂失止付后 3 日内,也可以在票据丧失后,依法向人民法院申请公示催告,或者向人民法院提起诉讼。

13. 持票人对票据债务人行使票据权利,或者保全票据权利,在哪里进行?

持票人对票据债务人行使票据权利,或者保全票据权利,应当在票据当事人的营业场所和营业时间内进行,票据当事人无营业场所的,应当在其住所进行。

14. 票据权利行使期限是如何规定的?

票据权利在下列期限内不行使而消灭:

(1)持票人对票据的出票人和承兑人的权利,自票据到期日起两年。见票即付的汇票、本票,自出票日起两年;

(2)持票人对支票出票人的权利,自出票日起 6 个月;

(3)持票人对前手的追索权,自被拒绝承兑或者被拒绝付款之日起 6 个月;

(4)持票人对前手的再追索权,自清偿日或者被提起诉讼之日起 3 个月。

票据的出票日、到期日由票据当事人依法确定。

15. 持票人因超过票据权利时效或者因票据记载事项欠缺而丧失票据权利的,如何处理?

持票人因超过票据权利时效或者因票据记载事项欠缺而丧失票据权利的,仍享有民事权利,可以请求出票人或者承兑人返还其与未支付的票据金额相当的利益。

16. 涉外票据适用我国《票据法》吗?

涉外票据,是出票、背书、承兑、保证、付款等行为中,既有发生在中华人民共和国境内又有发生在中华人民共和国境外的票据。

涉外票据适用我国《票据法》的规定。

中华人民共和国缔结或者参加的国际条约同我国《票据法》有不同规定的,适用国际条约的规定。但是,中华人民共和国声明保留的条款除外。

我国《票据法》和中华人民共和国缔结或者参加的国际条约没有规定的,可以适用国际惯例。

涉外票据债务人的民事行为能力,适用其本国法律。

票据债务人的民事行为能力,依照其本国法律为无民事行为能力或者为限制民事行为能力而依照行为地法律为完全民事行为能力的,适用行为地法律。

汇票、本票出票时的记载事项,适用出票地法律。

支票出票时的记载事项,适用出票地法律;经当事人协议,也可以适用付款地法律。

票据的背书、承兑、付款和保证行为,适用行为地法律。

票据追索权的行使期限,适用出票地法律。

票据的提示期限、有关拒绝证明的方式、出具拒绝证明的期限,适用付款地法律。

票据丧失时,失票人请求保全票据权利的程序,适用付款地法律。

17. 票据相关人员的哪些行为会承担刑事、行政或民事责任?

有下列票据欺诈行为之一的,依法追究刑事责任:

(1) 伪造、变造票据的;

(2) 故意使用伪造、变造的票据的;

(3) 签发空头支票或者故意签发与其预留的本名签名式样或者印鉴不符的支票,骗取财物的;

(4) 签发无可靠资金来源的汇票、本票,骗取资金的;

(5) 汇票、本票的出票人在出票时作虚假记载,骗取财物的;

(6) 冒用他人的票据,或者故意使用过期或者作废的票据,骗取财物的;

(7) 付款人同出票人、持票人恶意串通,实施前6项所列行为之一的。

有以上所列行为之一,情节轻微,不构成犯罪的,依照国家有关规定给予行政处罚。

金融机构工作人员在票据业务中玩忽职守,对违反规定的票据予以承兑、付款或者保证的,给予处分;造成重大损失,构成犯罪的,依法追究刑事责任。

由于金融机构工作人员玩忽职守,对违反规定的行为给当事人造成损失的,由该金融机构和直接责任人员依法承担赔偿责任。

票据的付款人对见票即付或者到期的票据,故意压票,拖延支付的,由金融行政管理部门处以罚款,对直接责任人员给予处分。

票据的付款人故意压票,拖延支付,给持票人造成损失的,依法承担赔偿责任。

依法规定承担赔偿责任以外的其他违反法律规定的行为,给他人造成损失的,应当依法承担民事责任。

(二) 关于汇票的问题

18. 汇票有哪几种?

汇票是出票人签发的,委托付款人在见票时或者在指定日期无条件支付确定的金额给收款人或者持票人的票据。

汇票分为银行汇票和商业汇票。

19. 汇票的绝对应记载事项有哪些?

汇票必须记载下列事项:

(1) 表明"汇票"的字样;

(2) 无条件支付的委托;

(3) 确定的金额;

(4) 付款人名称;

(5) 收款人名称;

(6) 出票日期;

(7) 出票人签章。

汇票上未记载规定事项之一的,汇票无效。

20. 汇票的相对应记载事项有哪些?

汇票上记载付款日期、付款地、出票地等事项的,应当清楚、明确。

汇票上未记载付款日期的,为见票即付。

汇票上未记载付款地的,付款人的营业场所、住所或者经常居住地为付款地。

汇票上未记载出票地的,出票人的营业场所、住所或者经常居住地为出票地。

汇票上可以记载规定事项以外的其他出票事项,但是该记载事项不具有汇票上的效力。

21. 汇票出票行为的有效条件有哪些?

汇票出票是指出票人签发票据并将其交付给收款人的票据行为。

　　汇票的出票人必须与付款人具有真实的委托付款关系,并且具有支付汇票金额的可靠资金来源。

　　不得签发无对价的汇票用以骗取银行或者其他票据当事人的资金。

22. 汇票付款日期应如何记载?

　　汇票的付款日期为汇票到期日。

　　付款日期可以按照下列形式之一记载:

　　(1) 见票即付;

　　(2) 定日付款;

　　(3) 出票后定期付款;

　　(4) 见票后定期付款。

23. 出票人签发汇票后应承担什么义务?

　　出票人签发汇票后,即承担保证该汇票承兑和付款的责任。

　　出票人在汇票得不到承兑或者付款时,应当向持票人清偿持票人追索的金额和费用。

24. 持票人可以将汇票权利转让给他人或者将一定的汇票权利授予他人行使吗?

　　持票人可以将汇票权利转让给他人或者将一定的汇票权利授予他人行使。

　　出票人在汇票上记载"不得转让"字样的,汇票不得转让。

　　持票人行使将汇票权利转让给他人或者将一定的汇票权利授予他人行使时,应当背书并交付汇票。

　　背书是指在票据背面或者粘单上记载有关事项并签章的票据行为。

　　背书由背书人签章并记载背书日期。

　　背书未记载日期的,视为在汇票到期日前背书。

　　汇票以背书转让或者以背书将一定的汇票权利授予他人行使时,必须记载被背书人名称。

　　以背书转让的汇票,背书应当连续。持票人以背书的连续,证明其汇票权利;非经背书转让,而以其他合法方式取得汇票的,依法举证,证明其汇票权利。

　　背书连续,是指在票据转让中,转让汇票的背书人与受让汇票的被背书人在汇票上的签章依次前后衔接。

　　以背书转让的汇票,后手应当对其直接前手背书的真实性负责。

　　后手是指在票据签章人之后签章的其他票据债务人。

　　背书不得附有条件。背书时附有条件的,所附条件不具有汇票上的效力。

　　将汇票金额的一部分转让的背书或者将汇票金额分别转让给两人以上的背

书无效。

背书人在汇票上记载"不得转让"字样,其后手再背书转让的,原背书人对后手的被背书人不承担保证责任。

背书记载"委托收款"字样的,被背书人有权代背书人行使被委托的汇票权利。但是,被背书人不得再以背书转让汇票权利。

汇票被拒绝承兑、被拒绝付款或者超过付款提示期限的,不得背书转让;背书转让的,背书人应当承担汇票责任。

背书人以背书转让汇票后,即承担保证其后手所持汇票承兑和付款的责任。背书人在汇票得不到承兑或者付款时,应当向持票人清偿持票人依法追偿的金额和费用。

25. 票据凭证不能满足背书人记载事项的需要的,如何处理?

票据凭证不能满足背书人记载事项的需要,可以加附粘单,粘附于票据凭证上。

粘单上的第一记载人,应当在汇票和粘单的粘接处签章。

26. 汇票如何质押?

汇票可以设定质押;质押时应当以背书记载"质押"字样。被背书人依法实现其质权时,可以行使汇票权利。

27. 汇票如何承兑?

承兑是汇票付款人承诺在汇票到期日支付汇票金额的票据行为。

定日付款或者出票后定期付款的汇票,持票人应当在汇票到期日前向付款人提示承兑。

提示承兑是持票人向付款人出示汇票,并要求付款人承诺付款的行为。

见票后定期付款的汇票,持票人应当自出票日起一个月内向付款人提示承兑。

汇票未按照规定期限提示承兑的,持票人丧失对其前手的追索权。

见票即付的汇票无需提示承兑。

付款人对向其提示承兑的汇票,应当自收到提示承兑的汇票之日起 3 日内承兑或者拒绝承兑。

付款人收到持票人提示承兑的汇票时,应当向持票人签发收到汇票的回单。回单上应当记明汇票提示承兑日期并签章。

付款人承兑汇票的,应当在汇票正面记载"承兑"字样和承兑日期并签章;见票后定期付款的汇票,应当在承兑时记载付款日期。

汇票上未记载承兑日期的,以应当自收到提示承兑的汇票之日起 3 日的最后一日为承兑日期。

付款人承兑汇票,不得附有条件;承兑附有条件的,视为拒绝承兑。

付款人承兑汇票后,应当承担到期付款的责任。

28. 汇票的债务可以由保证人承担保证责任吗?

汇票的债务可以由保证人承担保证责任。

汇票的保证人由汇票债务人以外的他人担当。

汇票的保证人必须在汇票或者粘单上记载下列事项:

(1) 表明"保证"的字样;

(2) 保证人名称和住所;

(3) 被保证人的名称;

(4) 保证日期;

(5) 保证人签章。

保证人在汇票或者粘单上未记载保证人名称的,已承兑的汇票,承兑人为被保证人;未承兑的汇票,出票人为被保证人。

保证人在汇票或者粘单上未记载保证日期的,出票日期为保证日期。

票据保证不得附有条件;附有条件的,不影响对汇票的保证责任。

保证人对合法取得汇票的持票人所享有的汇票权利,承担保证责任。但是,被保证人的债务因汇票记载事项欠缺而无效的除外。

被保证的汇票,保证人应当与被保证人对持票人承担连带责任。汇票到期后得不到付款的,持票人有权向保证人请求付款,保证人应当足额付款。

保证人为两人以上的,保证人之间承担连带责任。

保证人清偿汇票债务后,可以行使持票人对被保证人及其前手的追索权。

29. 汇票票据持票人应当如何提示付款?

汇票票据持票人应当按照下列期限提示付款:

(1) 见票即付的汇票,自出票日起一个月内向付款人提示付款;

(2) 定日付款、出票后定期付款或者见票后定期付款的汇票,自到期日起10日内向承兑人提示付款。

持票人未按照规定期限提示付款的,在作出说明后,承兑人或者付款人仍应当继续对持票人承担付款责任。

通过委托收款银行或者通过票据交换系统向付款人提示付款的,视同持票人提示付款。

30. 汇票票据持票人、付款人在付款环节应当承担什么义务?

持票人依照规定提示付款的,付款人必须在当日足额付款。

持票人获得付款的,应当在汇票上签收,并将汇票交给付款人。持票人委托银行收款的,受委托的银行将代收的汇票金额转账收入持票人账户,视同签收。

持票人委托的收款银行的责任,限于按照汇票上记载事项将汇票金额转入持票人账户。

付款人委托的付款银行的责任,限于按照汇票上记载事项从付款人账户支付汇票金额。

付款人及其代理付款人付款时,应当审查汇票背书的连续,并审查付款人的合法身份证明或者有效证件。

付款人及其代理付款人以恶意或者有重大过失付款的,应当自行承担责任。

对定日付款、出票后定期付款或者见票后定期付款的汇票,付款人在到期日前付款的,由付款人自行承担所产生的责任。

汇票金额为外币的,按照付款日的市场汇价,以人民币支付。

汇票当事人对汇票支付的货币种类另有约定的,从其约定。

31. 汇票债务人的责任在什么情形下解除?

付款人依法足额付款后,全体汇票债务人的责任解除。

32. 汇票到期被拒绝付款的,如何处理?

汇票到期被拒绝付款的,持票人可以对背书人、出票人以及汇票的其他债务人行使追索权。

汇票到期日前,有下列情形之一的,持票人也可以行使追索权:

(1) 汇票被拒绝承兑的;

(2) 承兑人或者付款人死亡、逃匿的;

(3) 承兑人或者付款人被依法宣告破产的或者因违法被责令终止业务活动的。

持票人行使追索权时,应当提供被拒绝承兑或者被拒绝付款的有关证明。

持票人提示承兑或者提示付款被拒绝的,承兑人或者付款人必须出具拒绝证明,或者出具退票理由书。未出具拒绝证明或者退票理由书的,应当承担由此产生的民事责任。

持票人因承兑人或者付款人死亡、逃匿或者其他原因,不能取得拒绝证明的,可以依法取得其他有关证明。

承兑人或者付款人被人民法院依法宣告破产的,人民法院的有关司法文书具有拒绝证明的效力。

承兑人或者付款人因违法被责令终止业务活动的,有关行政主管部门的处罚决定具有拒绝证明的效力。

持票人不能出示拒绝证明、退票理由书或者未按照规定期限提供其他合法证明的,丧失对其前手的追索权;但是,承兑人或者付款人仍应当对持票人承担责任。

持票人应当自收到被拒绝承兑或者被拒绝付款的有关证明之日起 3 日内,将被拒绝事由书面通知其前手;其前手应当自收到通知之日起 3 日内书面通知其再前手。持票人也可以同时向各汇票债务人发出书面通知。

未按照规定期限通知的,持票人仍可以行使追索权。因延期通知给其前手或者出票人造成损失的,由没有按照规定期限通知的汇票当事人,承担对该损失的赔偿责任,但是所赔偿的金额以汇票金额为限。

在规定期限内将通知按照法定地址或者约定的地址邮寄的,视为已经发出通知。

持票人将被拒绝事由书面通知其前手的书面通知,应当记明汇票的主要记载事项,并说明该汇票已被退票。

持票人可以不按照汇票债务人的先后顺序,对其中任何一人、数人或者全体行使追索权。

持票人对汇票债务人中的一人或者数人已经进行追索的,对其他汇票债务人仍可以行使追索权。

被追索人清偿债务后,与持票人享有同一权利。

持票人为出票人的,对其前手无追索权。持票人为背书人的,对其后手无追索权。

被追索人依照规定清偿债务后,其责任解除。

33. 持票人行使追索权,可以请求被追索人支付哪些金额和费用?

持票人行使追索权,可以请求被追索人支付下列金额和费用:

(1)被拒绝付款的汇票金额;

(2)汇票金额自到期日或者提示付款日起至清偿日止,按照中国人民银行规定的利率计算的利息;

(3)取得有关拒绝证明和发出通知书的费用。

被追索人清偿债务时,持票人应当交出汇票和有关拒绝证明,并出具所收到利息和费用的收据。

被追索人依照规定清偿后,可以向其他汇票债务人行使再追索权,请求其他汇票债务人支付下列金额和费用:

(1)已清偿的全部金额;

(2)前项金额自清偿日起至再追索清偿日止,按照中国人民银行规定的利率计算的利息;

(3)发出通知书的费用。

行使再追索权的被追索人获得清偿时,应当交出汇票和有关拒绝证明,并出具所收到利息和费用的收据。

34. 汇票的出票人、背书人、承兑人和保证人对持票人承担什么责任?

汇票的出票人、背书人、承兑人和保证人对持票人承担连带责任。

(三) 关于本票的问题

35. 本票的应记载事项有哪些?

本票是出票人签发的,承诺自己在见票时无条件支付确定的金额给收款人或者持票人的票据。

本票必须记载下列事项:

(1) 表明"本票"的字样;

(2) 无条件支付的承诺;

(3) 确定的金额;

(4) 收款人名称;

(5) 出票日期;

(6) 出票人签章。

本票上未记载以上规定事项之一的,本票无效。

本票上记载付款地、出票地等事项的,应当清楚、明确。

本票上未记载付款地的,出票人的营业场所为付款地。

本票上未记载出票地的,出票人的营业场所为出票地。

36. 本票出票人、持票人分别应承担什么义务?

本票的出票人必须具有支付本票金额的可靠资金来源,并保证支付。

本票的出票人在持票人提示见票时,必须承担付款的责任。

本票自出票日起,付款期限最长不得超过两个月。

本票的持票人未按照规定期限提示见票的,丧失对出票人以外的前手的追索权。

(四) 关于支票的问题

37. 支票的应记载事项有哪些?

支票是出票人签发的,委托办理支票存款业务的银行或者其他金融机构在见票时无条件支付确定的金额给收款人或者持票人的票据。

支票必须记载下列事项：

(1) 表明"支票"的字样；

(2) 无条件支付的委托；

(3) 确定的金额；

(4) 付款人名称；

(5) 出票日期；

(6) 出票人签章。

支票上未记载规定事项之一的,支票无效。

支票上的金额可以由出票人授权补记,未补记前的支票,不得使用。

支票上未记载收款人名称的,经出票人授权,可以补记。

支票上未记载付款地的,付款人的营业场所为付款地。

支票上未记载出票地的,出票人的营业场所、住所或者经常居住地为出票地。

出票人可以在支票上记载自己为收款人。

支票限于见票即付,不得另行记载付款日期。另行记载付款日期的,该记载无效。

38. 如何开立支票存款账户?

开立支票存款账户,申请人必须使用其本名,并提交证明其身份的合法证件。

开立支票存款账户和领用支票,应当有可靠的资信,并存入一定的资金。

开立支票存款账户,申请人应当预留其本名的签名式样和印鉴。

39. 支票如何使用?

支票可以支取现金,也可以转账;用于转账时,应当在支票正面注明。

支票中专门用于支取现金的,可以另行制作现金支票,现金支票只能用于支取现金。

支票中专门用于转账的,可以另行制作转账支票,转账支票只能用于转账,不得支取现金。

40. 支票的出票人、持票人、付款人分别应承担什么义务?

支票的出票人所签发的支票金额不得超过其付款时在付款人处实有的存款金额。

出票人签发的支票金额超过其付款时在付款人处实有的存款金额的,为空头支票。禁止签发空头支票。

支票的出票人不得签发与其预留本名的签名式样或者印鉴不符的支票。

出票人必须按照签发的支票金额承担保证向该持票人付款的责任。

出票人在付款人处的存款足以支付支票金额时,付款人应当在当日足额付款。支票的持票人应当自出票日起 10 日内提示付款;异地使用的支票,其提示付款的期限由中国人民银行另行规定。

超过提示付款期限的,付款人可以不予付款;付款人不予付款的,出票人仍应当对持票人承担票据责任。

付款人依法支付支票金额的,对出票人不再承担受委托付款的责任,对持票人不再承担付款的责任。但是,付款人以恶意或者有重大过失付款的除外。

十一、问用工

1. 建立劳动关系应遵循什么原则？

建立劳动关系应当订立劳动合同。

劳动合同是劳动者与用人单位确立劳动关系、明确双方权利和义务的协议。

订立和变更劳动合同，应当遵循平等自愿、协商一致的原则，不得违反法律、行政法规的规定。劳动合同依法订立即具有法律约束力，当事人必须履行劳动合同规定的义务。

2. 什么情形下订立的劳动合同无效？

下列劳动合同无效或者部分无效：

(1) 以欺诈、胁迫的手段或者乘人之危，使对方在违背真实意思的情况下订立或者变更劳动合同的；

(2) 用人单位免除自己的法定责任、排除劳动者权利的；

(3) 违反法律、行政法规强制性规定的。

对劳动合同的无效或者部分无效有争议的，由劳动争议仲裁机构或者人民法院确认。

劳动合同部分无效，不影响其他部分效力的，其他部分仍然有效。

劳动合同被确认无效，劳动者已付出劳动的，用人单位应当向劳动者支付劳动报酬。劳动报酬的数额，参照本单位相同或者相近岗位劳动者的劳动报酬确定。

3. 劳动合同应具备哪些条款？

劳动合同应当具备以下条款：

(1) 用人单位的名称、住所和法定代表人或者主要负责人；

(2) 劳动者的姓名、住址和居民身份证或者其他有效身份证件号码；

(3) 劳动合同期限；

(4) 工作内容和工作地点；

(5) 工作时间和休息休假；

(6) 劳动报酬；

(7) 社会保险；

（8）劳动保护、劳动条件和职业危害防护；

（9）法律、法规规定应当纳入劳动合同的其他事项。

劳动合同除以上的必备条款外，用人单位与劳动者可以约定试用期、培训、保守秘密、补充保险和福利待遇等其他事项。

劳动合同由用人单位与劳动者协商一致，并经用人单位与劳动者在劳动合同文本上签字或者盖章生效。

劳动合同文本由用人单位和劳动者各执一份。

4. 劳动合同的期限如何确认？

劳动合同的期限分为有固定期限、无固定期限和以完成一定的工作为期限。

固定期限劳动合同，是用人单位与劳动者约定合同终止时间的劳动合同。用人单位与劳动者协商一致，可以订立固定期限劳动合同。

无固定期限劳动合同，是用人单位与劳动者约定无确定终止时间的劳动合同。

用人单位与劳动者协商一致，可以订立无固定期限劳动合同。

有下列情形之一，劳动者提出或者同意续订、订立劳动合同的，除劳动者提出订立固定期限劳动合同外，应当订立无固定期限劳动合同：

（1）劳动者在该用人单位连续工作满 10 年的；

（2）用人单位初次实行劳动合同制度或者国有企业改制重新订立劳动合同时，劳动者在该用人单位连续工作满 10 年且距法定退休年龄不足 10 年的；

（3）连续订立两次固定期限劳动合同，且劳动者没有法律规定的特别情形，续订劳动合同的。

用人单位自用工之日起满一年不与劳动者订立书面劳动合同的，视为用人单位与劳动者已订立无固定期限劳动合同。

以完成一定工作任务为期限的劳动合同，是用人单位与劳动者约定以某项工作的完成为合同期限的劳动合同。

5. 劳动合同可以约定试用期吗？

劳动合同可以约定试用期。试用期最长不得超过 6 个月。

劳动合同期限 3 个月以上不满 1 年的，试用期不得超过 1 个月；劳动合同期限 1 年以上不满 3 年的，试用期不得超过 2 个月；3 年以上固定期限和无固定期限的劳动合同，试用期不得超过 6 个月。

同一用人单位与同一劳动者只能约定一次试用期。

以完成一定工作任务为期限的劳动合同或者劳动合同期限不满 3 个月的，不得约定试用期。

试用期包含在劳动合同期限内。劳动合同仅约定试用期的，试用期不成立，该期限为劳动合同期限。

6.《劳动法》规定什么情形下,劳动合同可以终止、解除?

劳动合同期满或者当事人约定的劳动合同终止条件出现,劳动合同即行终止。

经劳动合同当事人协商一致,劳动合同可以解除。

劳动者有下列情形之一的,用人单位可以解除劳动合同:

(1) 在试用期间被证明不符合录用条件的;

(2) 严重违反劳动纪律或者用人单位规章制度的;

(3) 严重失职,营私舞弊,对用人单位利益造成重大损害的;

(4) 被依法追究刑事责任的。

有下列情形之一的,用人单位可以解除劳动合同,但是应当提前 30 日以书面形式通知劳动者本人:

(1) 劳动者患病或者非因工负伤,医疗期满后,不能从事原工作也不能从事由用人单位另行安排的工作的;

(2) 劳动者不能胜任工作,经过培训或者调整工作岗位,仍不能胜任工作的;

(3) 劳动合同订立时所依据的客观情况发生重大变化,致使原劳动合同无法履行,经当事人协商不能就变更劳动合同达成协议的。

7. 什么情形下,用人单位可以裁减人员?

用人单位濒临破产进行法定整顿期间或者生产经营状况发生严重困难,确需裁减人员的,应当提前 30 日向工会或者全体职工说明情况,听取工会或者职工的意见,经向劳动行政部门报告后,可以裁减人员。

用人单位依据规定裁减人员,在 6 个月内录用人员的,应当优先录用被裁减的人员。

8. 什么情形下解除劳动,用人单位需支付经济补偿?

用人单位依据与员工协商一致解除劳动合同、用人单位依法提前 30 日以书面形式通知劳动者解除劳动合同或者依法裁减人员而解除劳动合同的,应当依照国家有关规定给予经济补偿。

9. 什么情形下,用人单位不得依法提前 30 日以书面形式通知劳动者解除劳动合同或者依法裁减人员而解除劳动合同?

劳动者有下列情形之一的,用人单位不得依法提前 30 日以书面形式通知劳动者解除劳动合同或者依法裁减人员而解除劳动合同:

(1) 患职业病或者因工负伤并被确认丧失或者部分丧失劳动能力的；
(2) 患病或者负伤，在规定的医疗期内的；
(3) 女职工在孕期、产期、哺乳期内的；
(4) 法律、行政法规规定的其他情形。

10. 用人单位解除劳动合同，工会认为不适当的，如何处理？

用人单位解除劳动合同，工会认为不适当的，有权提出意见。

如果用人单位违反法律、法规或者劳动合同，工会有权要求重新处理；劳动者申请仲裁或者提起诉讼的，工会应当依法给予支持和帮助。

11. 劳动者解除劳动合同，如何处理？

劳动者解除劳动合同，应当提前 30 日以书面形式通知用人单位。
有下列情形之一的，劳动者可以随时通知用人单位解除劳动合同：
(1) 在试用期内的；
(2) 用人单位以暴力、威胁或者非法限制人身自由的手段强迫劳动的；
(3) 用人单位未按照劳动合同约定支付劳动报酬或者提供劳动条件的。

12. 如何签订集体合同？

企业职工一方与企业可以就劳动报酬、工作时间、休息休假、劳动安全卫生、保险福利等事项，签订集体合同。

集体合同草案应当提交职工代表大会或者全体职工讨论通过。

集体合同由工会代表职工与企业签订；没有建立工会的企业，由职工推举的代表与企业签订。

集体合同签订后应当报送劳动行政部门；劳动行政部门自收到集体合同文本之日起 15 日内未提出异议的，集体合同即行生效。

依法签订的集体合同对企业和企业全体职工具有约束力。

职工个人与企业订立的劳动合同中劳动条件和劳动报酬等标准不得低于集体合同的规定。

13. 用人单位在哪些节日期间应当依法安排劳动者休假？

用人单位在下列节日期间应当依法安排劳动者休假：
(1) 元旦；
(2) 春节；
(3) 清明节；
(4) 劳动节；
(5) 端午节；

（6）国庆节；

（7）中秋节；

（8）法律、法规规定的其他休假节日。

14. 加班（延长工作时间）有何规定？

用人单位由于生产经营需要，经与工会和劳动者协商后可以延长工作时间，一般每日不得超过 1 小时；因特殊原因需要延长工作时间的，在保障劳动者身体健康的条件下延长工作时间每日不得超过 3 小时，但是每月不得超过 36 小时。

有下列情形之一的，延长工作时间不受以上规定的限制：

（1）发生自然灾害、事故或者因其他原因，威胁劳动者生命健康和财产安全，需要紧急处理的；

（2）生产设备、交通运输线路、公共设施发生故障，影响生产和公众利益，必须及时抢修的；

（3）法律、行政法规规定的其他情形。

用人单位不得违反法律规定延长劳动者的工作时间。

15. 加班如何支付工资报酬？

有下列情形之一的，用人单位应当按照下列标准支付高于劳动者正常工作时间工资的工资报酬：

（1）安排劳动者延长工作时间的，支付不低于工资的150%的工资报酬；

（2）休息日安排劳动者工作又不能安排补休的，支付不低于工资的200%的工资报酬；

（3）法定休假日安排劳动者工作的，支付不低于工资的300%的工资报酬。

16. 劳动者可以享受带薪年休假吗？

国家实行带薪年休假制度。劳动者连续工作一年以上的，享受带薪年休假。

17. 工资如何确定？如何支付？

工资分配应当遵循按劳分配原则，实行同工同酬。

工资水平在经济发展的基础上逐步提高。国家对工资总量实行宏观调控。

用人单位根据本单位的生产经营特点和经济效益，依法自主确定本单位的工资分配方式和工资水平。

国家实行最低工资保障制度。

最低工资的具体标准由省、自治区、直辖市人民政府规定，报国务院备案。用人单位支付劳动者的工资不得低于当地最低工资标准。

确定和调整最低工资标准应当综合参考下列因素：

（1）劳动者本人及平均赡养人口的最低生活费用；

（2）社会平均工资水平；

（3）劳动生产率；

（4）就业状况；

（5）地区之间经济发展水平的差异。

工资应当以货币形式按月支付给劳动者本人。不得克扣或者无故拖欠劳动者的工资。

劳动者在法定休假日和婚丧假期间以及依法参加社会活动期间，用人单位应当依法支付工资。

18. 用人单位需要建立劳动安全卫生制度吗？

用人单位必须建立、健全劳动安全卫生制度，严格执行国家劳动安全卫生规程和标准，对劳动者进行劳动安全卫生教育，防止劳动过程中的事故，减少职业危害。

劳动安全卫生设施必须符合国家规定的标准。新建、改建、扩建工程的劳动安全卫生设施必须与主体工程同时设计、同时施工、同时投入生产和使用。

用人单位必须为劳动者提供符合国家规定的劳动安全卫生条件和必要的劳动防护用品，对从事有职业危害作业的劳动者应当定期进行健康检查。

从事特种作业的劳动者必须经过专门培训并取得特种作业资格。

劳动者在劳动过程中必须严格遵守安全操作规程。劳动者对用人单位管理人员违章指挥、强令冒险作业，有权拒绝执行；对危害生命安全和身体健康的行为，有权提出批评、检举和控告。

国家建立伤亡事故和职业病统计报告和处理制度。县级以上各级人民政府劳动行政部门、有关部门和用人单位应当依法对劳动者在劳动过程中发生的伤亡事故和劳动者的职业病状况，进行统计、报告和处理。

19. 对女职工和未成年工有哪些特殊保护？

国家对女职工和未成年工实行特殊劳动保护。

未成年工是指年满 16 周岁未满 18 周岁的劳动者。

禁止安排女职工从事矿山井下、国家规定的第四级体力劳动强度的劳动和其他禁忌从事的劳动。

不得安排女职工在经期从事高处、低温、冷水作业和国家规定的第三级体力劳动强度的劳动。

不得安排女职工在怀孕期间从事国家规定的第三级体力劳动强度的劳动和孕期禁忌从事的劳动。对怀孕 7 个月以上的女职工，不得安排其延长工作时间和夜班劳动。

女职工生育享受产假。

不得安排女职工在哺乳未满一周岁的婴儿期间从事国家规定的第三级体力劳动强度的劳动和哺乳期禁忌从事的其他劳动,不得安排其延长工作时间和夜班劳动。

不得安排未成年工从事矿山井下、有毒有害、国家规定的第四级体力劳动强度的劳动和其他禁忌从事的劳动。

用人单位应当对未成年工定期进行健康检查。

20. 社会保险和福利制度有哪些?

国家发展社会保险事业,建立社会保险制度,设立社会保险基金,使劳动者在年老、患病、工伤、失业、生育等情况下获得帮助和补偿。

用人单位和劳动者必须依法参加社会保险,缴纳社会保险费。

21. 劳动者在哪些情形下,依法享受社会保险待遇?

劳动者在下列情形下,依法享受社会保险待遇:

（1）退休;

（2）患病、负伤;

（3）因工伤残或者患职业病;

（4）失业;

（5）生育。

劳动者死亡后,其遗属依法享受遗属津贴。劳动者享受社会保险待遇的条件和标准由法律、法规规定。劳动者享受的社会保险金必须按时足额支付。

22. 用人单位与劳动者发生劳动争议,如何处理?

用人单位与劳动者发生劳动争议,当事人可以依法申请调解、仲裁、提起诉讼,也可以协商解决。调解原则适用于仲裁和诉讼程序。

劳动争议发生后,当事人可以向本单位劳动争议调解委员会申请调解;调解不成,当事人一方要求仲裁的,可以向劳动争议仲裁委员会申请仲裁。

当事人一方也可以直接向劳动争议仲裁委员会申请仲裁。对仲裁裁决不服的,可以向人民法院提起诉讼。

在用人单位内可以设立劳动争议调解委员会。劳动争议调解委员会由职工代表、用人单位代表和工会代表组成。劳动争议调解委员会主任由工会代表担任。劳动争议经调解达成协议的,当事人应当履行。

劳动争议仲裁委员会由劳动行政部门代表、同级工会代表、用人单位方面的代表组成。劳动争议仲裁委员会主任由劳动行政部门代表担任。

劳动争议申请仲裁的时效期间为 1 年。仲裁时效期间从当事人知道或者应当知道其权利被侵害之日起计算。劳动关系存续期间因拖欠劳动报酬发生争议的,劳动者申请仲裁不受仲裁时效期间的限制;但是,劳动关系终止的,应当自劳动关系终止之日起 1 年内提出。

仲裁庭裁决劳动争议案件,应当自劳动争议仲裁委员会受理仲裁申请之日起 45 日内结束。案情复杂需要延期的,经劳动争议仲裁委员会主任批准,可以延期并书面通知当事人,但是延长期限不得超过 15 日。

劳动争议当事人对仲裁裁决不服的,可以自收到仲裁裁决书之日起 15 日内向人民法院提起诉讼。

一方当事人在法定期限内不起诉又不履行仲裁裁决的,另一方当事人可以申请人民法院强制执行。

23. 哪些情形下,劳动者、用人单位需承担行政、民事或刑事责任?

用人单位制定的劳动规章制度违反法律、法规规定的,由劳动行政部门给予警告,责令改正;对劳动者造成损害的,应当承担赔偿责任。

用人单位违反法律规定,延长劳动者工作时间的,由劳动行政部门给予警告,责令改正,并可以处以罚款。

用人单位有下列侵害劳动者合法权益情形之一的,由劳动行政部门责令支付劳动者的工资报酬、经济补偿,并可以责令支付赔偿金:

(1) 克扣或者无故拖欠劳动者工资的;

(2) 拒不支付劳动者延长工作时间工资报酬的;

(3) 低于当地最低工资标准支付劳动者工资的;

(4) 解除劳动合同后,未依法给予劳动者经济补偿的。

用人单位的劳动安全设施和劳动卫生条件不符合国家规定或者未向劳动者提供必要的劳动防护用品和劳动保护设施的,由劳动行政部门或者有关部门责令改正,可以处以罚款;情节严重的,提请县级以上人民政府决定责令停产整顿;对事故隐患不采取措施,致使发生重大事故,造成劳动者生命和财产损失的,对责任人员依照刑法有关规定追究刑事责任。

用人单位强令劳动者违章冒险作业,发生重大伤亡事故,造成严重后果的,对责任人员依法追究刑事责任。

用人单位非法招用未满 16 周岁的未成年人的,由劳动行政部门责令改正,处以罚款;情节严重的,由工商行政管理部门吊销营业执照。

用人单位违反对女职工和未成年工的保护规定,侵害其合法权益的,由劳动行政部门责令改正,处以罚款;对女职工或者未成年工造成损害的,应当承担赔偿责任。

用人单位有下列行为之一,由公安机关对责任人员处以 15 日以下拘留、罚款或者警告;构成犯罪的,对责任人员依法追究刑事责任:

（1）以暴力、威胁或者非法限制人身自由的手段强迫劳动的；

（2）侮辱、体罚、殴打、非法搜查和拘禁劳动者的。

由于用人单位的原因订立的无效合同，对劳动者造成损害的，应当承担赔偿责任。

用人单位违反规定的条件解除劳动合同或者故意拖延不订立劳动合同的，由劳动行政部门责令改正；对劳动者造成损害的，应当承担赔偿责任。

用人单位招用尚未解除劳动合同的劳动者，对原用人单位造成经济损失的，该用人单位应当依法承担连带赔偿责任。

用人单位无故不缴纳社会保险费的，由劳动行政部门责令其限期缴纳，逾期不缴的，可以加收滞纳金。

用人单位无理阻挠劳动行政部门、有关部门及其工作人员行使监督检查权，打击报复举报人员的，由劳动行政部门或者有关部门处以罚款；构成犯罪的，对责任人员依法追究刑事责任。

劳动者违反法律规定的条件解除劳动合同或者违反劳动合同中约定的保密事项，对用人单位造成经济损失的，应当依法承担赔偿责任。

24. 用人单位如何制定、修改或者决定直接涉及劳动者切身利益的规章制度或者重大事项？

用人单位在制定、修改或者决定有关劳动报酬、工作时间、休息休假、劳动安全卫生、保险福利、职工培训、劳动纪律以及劳动定额管理等直接涉及劳动者切身利益的规章制度或者重大事项时，应当经职工代表大会或者全体职工讨论，提出方案和意见，与工会或者职工代表平等协商确定。

在规章制度和重大事项决定实施过程中，工会或者职工认为不适当的，有权向用人单位提出，通过协商予以修改完善。

用人单位应当将直接涉及劳动者切身利益的规章制度和重大事项决定公示，或者告知劳动者。

25. 用人单位与劳动者如何建立劳动关系？

用人单位自用工之日起即与劳动者建立劳动关系。

用人单位应当建立职工名册备查。

用人单位招用劳动者时，应当如实告知劳动者工作内容、工作条件、工作地点、职业危害、安全生产状况、劳动报酬，以及劳动者要求了解的其他情况；用人单位有权了解劳动者与劳动合同直接相关的基本情况，劳动者应当如实说明。

用人单位招用劳动者，不得扣押劳动者的居民身份证和其他证件，不得要求劳动者提供担保或者以其他名义向劳动者收取财物。

建立劳动关系，应当订立书面劳动合同。

已建立劳动关系,未同时订立书面劳动合同的,应当自用工之日起一个月内订立书面劳动合同。

用人单位与劳动者在用工前订立劳动合同的,劳动关系自用工之日起建立。

用人单位未在用工的同时订立书面劳动合同,与劳动者约定的劳动报酬不明确的,新招用的劳动者的劳动报酬按照集体合同规定的标准执行;没有集体合同或者集体合同未规定的,实行同工同酬。

劳动合同对劳动报酬和劳动条件等标准约定不明确,引发争议的,用人单位与劳动者可以重新协商;协商不成的,适用集体合同规定;没有集体合同或者集体合同未规定劳动报酬的,实行同工同酬;没有集体合同或者集体合同未规定劳动条件等标准的,适用国家有关规定。

26. 试用期工资如何支付?

劳动者在试用期的工资不得低于本单位相同岗位最低档工资或者劳动合同约定工资的 80%,并不得低于用人单位所在地的最低工资标准。

27. 试用期内,单位可以解除劳动合同吗?

在试用期中,除劳动者有法律规定的情形外,用人单位不得解除劳动合同。

用人单位在试用期解除劳动合同的,应当向劳动者说明理由。

28. 用人单位与劳动者可以约定服务期吗?

用人单位为劳动者提供专项培训费用,对其进行专业技术培训的,可以与该劳动者订立协议,约定服务期。

劳动者违反服务期约定的,应当按照约定向用人单位支付违约金。

违约金的数额不得超过用人单位提供的培训费用。

用人单位要求劳动者支付的违约金不得超过服务期尚未履行部分所应分摊的培训费用。

用人单位与劳动者约定服务期的,不影响按照正常的工资调整机制提高劳动者在服务期期间的劳动报酬。

29. 劳动者需要承担保密义务和竞业限制吗?

用人单位与劳动者可以在劳动合同中约定保守用人单位的商业秘密和与知识产权相关的保密事项。

对负有保密义务的劳动者,用人单位可以在劳动合同或者保密协议中与劳动者约定竞业限制条款,并约定在解除或者终止劳动合同后,在竞业限制期限内按月给予劳动者经济补偿。

劳动者违反竞业限制约定的,应当按照约定向用人单位支付违约金。

竞业限制的人员限于用人单位的高级管理人员、高级技术人员和其他负有保密义务的人员。

竞业限制的范围、地域、期限由用人单位与劳动者约定,竞业限制的约定不得违反法律、法规的规定。

在解除或者终止劳动合同后,承担保密义务和竞业限制的劳动者到与原单位生产或者经营同类产品、从事同类业务的有竞争关系的其他用人单位,或者自己开业生产或者经营同类产品、从事同类业务的竞业限制期限,不得超过两年。

30. 如何履行和变更劳动合同?

用人单位与劳动者应当按照劳动合同的约定,全面履行各自的义务。

用人单位应当按照劳动合同约定和国家规定,向劳动者及时足额支付劳动报酬。

用人单位拖欠或者未足额支付劳动报酬的,劳动者可以依法向当地人民法院申请支付令,人民法院应当依法发出支付令。

用人单位应当严格执行劳动定额标准,不得强迫或者变相强迫劳动者加班。用人单位安排加班的,应当按照国家有关规定向劳动者支付加班费。

劳动者拒绝用人单位管理人员违章指挥、强令冒险作业的,不视为违反劳动合同。

劳动者对危害生命安全和身体健康的劳动条件,有权对用人单位提出批评、检举和控告。

用人单位变更名称、法定代表人、主要负责人或者投资人等事项,不影响劳动合同的履行。

用人单位发生合并或者分立等情况,原劳动合同继续有效,劳动合同由承继其权利和义务的用人单位继续履行。

用人单位与劳动者协商一致,可以变更劳动合同约定的内容。变更劳动合同,应当采用书面形式。

变更后的劳动合同文本由用人单位和劳动者各执一份。

31. 根据劳动合同法规定,如何解除和终止劳动合同?

用人单位与劳动者协商一致,可以解除劳动合同。

劳动者提前 30 日以书面形式通知用人单位,可以解除劳动合同。劳动者在试用期内提前 3 日通知用人单位,可以解除劳动合同。

用人单位有下列情形之一的,劳动者可以解除劳动合同:

(1) 未按照劳动合同约定提供劳动保护或者劳动条件的;

(2) 未及时足额支付劳动报酬的;

(3) 未依法为劳动者缴纳社会保险费的;

（4）用人单位的规章制度违反法律、法规的规定，损害劳动者权益的；

（5）因法定的情形致使劳动合同无效的；

（6）法律、行政法规规定劳动者可以解除劳动合同的其他情形。

用人单位以暴力、威胁或者非法限制人身自由的手段强迫劳动者劳动的，或者用人单位违章指挥、强令冒险作业危及劳动者人身安全的，劳动者可以立即解除劳动合同，不需事先告知用人单位。

劳动者有下列情形之一的，用人单位可以解除劳动合同：

（1）在试用期间被证明不符合录用条件的；

（2）严重违反用人单位的规章制度的；

（3）严重失职，营私舞弊，给用人单位造成重大损害的；

（4）劳动者同时与其他用人单位建立劳动关系，对完成本单位的工作任务造成严重影响，或者经用人单位提出，拒不改正的；

（5）因法定的情形致使劳动合同无效的；

（6）被依法追究刑事责任的。

有下列情形之一的，用人单位提前 30 日以书面形式通知劳动者本人或者额外支付劳动者一个月工资后，可以解除劳动合同：

（1）劳动者患病或者非因工负伤，在规定的医疗期满后不能从事原工作，也不能从事由用人单位另行安排的工作的；

（2）劳动者不能胜任工作，经过培训或者调整工作岗位，仍不能胜任工作的；

（3）劳动合同订立时所依据的客观情况发生重大变化，致使劳动合同无法履行，经用人单位与劳动者协商，未能就变更劳动合同内容达成协议的。

有下列情形之一，需要裁减人员 20 人以上或者裁减不足 20 人但占企业职工总数 10％以上的，用人单位提前 30 日向工会或者全体职工说明情况，听取工会或者职工的意见后，裁减人员方案经向劳动行政部门报告，可以裁减人员：

（1）依照企业破产法规定进行重整的；

（2）生产经营发生严重困难的；

（3）企业转产、重大技术革新或者经营方式调整，经变更劳动合同后，仍需裁减人员的；

（4）其他因劳动合同订立时所依据的客观经济情况发生重大变化，致使劳动合同无法履行的。

裁减人员时，应当优先留用下列人员：

（1）与本单位订立较长期限的固定期限劳动合同的；

（2）与本单位订立无固定期限劳动合同的；

（3）家庭无其他就业人员，有需要扶养的老人或者未成年人的。

用人单位依规定裁减人员，在 6 个月内重新招用人员的，应当通知被裁减的人员,并在同等条件下优先招用被裁减的人员。

劳动者有下列情形之一的,用人单位不得依照《劳动合同法》第 40 条、第 41 条的规定解除劳动合同:

(1)从事接触职业病危害作业的劳动者未进行离岗前职业健康检查,或者疑似职业病病人在诊断或者医学观察期间的;

(2)在本单位患职业病或者因工负伤并被确认丧失或者部分丧失劳动能力的;

(3)患病或者非因工负伤,在规定的医疗期内的;

(4)女职工在孕期、产期、哺乳期的;

(5)在本单位连续工作满 15 年,且距法定退休年龄不足 5 年的;

(6)法律、行政法规规定的其他情形。

有下列情形之一的,劳动合同终止:

(1)劳动合同期满的;

(2)劳动者开始依法享受基本养老保险待遇的;

(3)劳动者死亡,或者被人民法院宣告死亡或者宣告失踪的;

(4)用人单位被依法宣告破产的;

(5)用人单位被吊销营业执照、责令关闭、撤销,或者用人单位决定提前解散的;

(6)法律、行政法规规定的其他情形。

劳动合同期满,有法律规定延长情形的,劳动合同应当续延至相应的情形消失时终止。

丧失或者部分丧失劳动能力劳动者的劳动合同的终止,按照国家有关工伤保险的规定执行。

32. 工会在劳动合同解除中的监督作用有哪些?

用人单位单方解除劳动合同,应当事先将理由通知工会。

用人单位违反法律、行政法规规定或者劳动合同约定的,工会有权要求用人单位纠正。用人单位应当研究工会的意见,并将处理结果书面通知工会。

33. 经济补偿金如何计算?

经济补偿按劳动者在本单位工作的年限,每满 1 年支付 1 个月工资的标准向劳动者支付。6 个月以上不满 1 年的,按 1 年计算;不满 6 个月的,向劳动者支付半个月工资的经济补偿。

劳动者月工资高于用人单位所在直辖市、设区的市级人民政府公布的本地区上年度职工月平均工资 3 倍的,向其支付经济补偿的标准按职工月平均工资 3 倍的数额支付,向其支付经济补偿的年限最高不超过 12 年。

月工资是指劳动者在劳动合同解除或者终止前 12 个月的平均工资。

34. 用人单位违法解除或者终止劳动合同的法律后果是什么?

用人单位违反法律规定解除或者终止劳动合同,劳动者要求继续履行劳动合同的,用人单位应当继续履行;劳动者不要求继续履行劳动合同或者劳动合同已经不能继续履行的,用人单位应当依法支付赔偿金。

35. 用人单位、劳动者在劳动合同解除或者终止后各有哪些义务?

用人单位应当在解除或者终止劳动合同时出具解除或者终止劳动合同的证明,并在 15 日内为劳动者办理档案和社会保险关系转移手续。

劳动者应当按照双方约定,办理工作交接。用人单位依照法律有关规定应当向劳动者支付经济补偿的,在办结工作交接时支付。

用人单位对已经解除或者终止的劳动合同的文本,至少保存两年备查。

36. 经营劳务派遣业务的单位应具备哪些条件?

经营劳务派遣业务应当具备下列条件:
(1) 注册资本不得少于人民币 200 万元;
(2) 有与开展业务相适应的固定的经营场所和设施;
(3) 有符合法律、行政法规规定的劳务派遣管理制度;
(4) 法律、行政法规规定的其他条件。

经营劳务派遣业务,应当向劳动行政部门依法申请行政许可;经许可的,依法办理相应的公司登记。未经许可,任何单位和个人不得经营劳务派遣业务。

37. 劳务派遣单位、用工单位及劳动者分别享有哪些权利、承担哪些义务?

劳务派遣单位是用人单位,应当履行用人单位对劳动者的义务。

劳务派遣单位与被派遣劳动者订立的劳动合同,除应当载明劳动合同的基本条款规定的事项外,还应当载明被派遣劳动者的用工单位以及派遣期限、工作岗位等情况。

劳务派遣单位应当与被派遣劳动者订立两年以上的固定期限劳动合同,按月支付劳动报酬;被派遣劳动者在无工作期间,劳务派遣单位应当按照所在地人民政府规定的最低工资标准,向其按月支付报酬。

劳务派遣单位派遣劳动者应当与接受以劳务派遣形式用工的单位(用工单位)订立劳务派遣协议。

劳务派遣协议应当约定派遣岗位和人员数量、派遣期限、劳动报酬和社会保险费的数额与支付方式以及违反协议的责任。

用工单位应当根据工作岗位的实际需要与劳务派遣单位确定派遣期限,不得将连续用工期限分割订立数个短期劳务派遣协议。

劳务派遣单位应当将劳务派遣协议的内容告知被派遣劳动者。

劳务派遣单位不得克扣用工单位按照劳务派遣协议支付给被派遣劳动者的劳动报酬。

劳务派遣单位和用工单位不得向被派遣劳动者收取费用。

劳务派遣单位跨地区派遣劳动者的,被派遣劳动者享有的劳动报酬和劳动条件,按照用工单位所在地的标准执行。

用工单位应当履行下列义务:

(1)执行国家劳动标准,提供相应的劳动条件和劳动保护;

(2)告知被派遣劳动者的工作要求和劳动报酬;

(3)支付加班费、绩效奖金,提供与工作岗位相关的福利待遇;

(4)对在岗被派遣劳动者进行工作岗位所必需的培训;

(5)连续用工的,实行正常的工资调整机制。

用工单位不得将被派遣劳动者再派遣到其他用人单位。

被派遣劳动者享有与用工单位的劳动者同工同酬的权利。用工单位应当按照同工同酬原则,对被派遣劳动者与本单位同类岗位的劳动者实行相同的劳动报酬分配办法。用工单位无同类岗位劳动者的,参照用工单位所在地相同或者相近岗位劳动者的劳动报酬确定。

劳务派遣单位与被派遣劳动者订立的劳动合同和与用工单位订立的劳务派遣协议,载明或者约定的向被派遣劳动者支付的劳动报酬应当符合规定。

被派遣劳动者有权在劳务派遣单位或者用工单位依法参加或者组织工会,维护自身的合法权益。

被派遣劳动者可以依法与劳务派遣单位解除劳动合同。

被派遣劳动者有法定情形的,用工单位可以将劳动者退回劳务派遣单位,劳务派遣单位依法可以与劳动者解除劳动合同。

38. 劳务派遣适用于哪些岗位?

劳动合同用工是我国企业的基本用工形式。劳务派遣用工是补充形式,只能在临时性、辅助性或者替代性的工作岗位上实施。

临时性工作岗位是指存续时间不超过 6 个月的岗位;辅助性工作岗位是指为主营业务岗位提供服务的非主营业务岗位;替代性工作岗位是指用工单位的劳动者因脱产学习、休假等原因无法工作的一定期间内,可以由其他劳动者替代工作的岗位。

用工单位应当严格控制劳务派遣用工数量,不得超过其用工总量的一定比例,具体比例由国务院劳动行政部门规定。

39. 用人单位可以自设劳务派遣单位吗?

用人单位不得设立劳务派遣单位向本单位或者所属单位派遣劳动者。

40. 非全日制用工有哪些规定?

非全日制用工,是以小时计酬为主,劳动者在同一用人单位一般平均每日工作时间不超过 4 小时,每周工作时间累计不超过 24 小时的用工形式。

非全日制用工双方当事人可以订立口头协议。

从事非全日制用工的劳动者可以与一个或者一个以上用人单位订立劳动合同;但是,后订立的劳动合同不得影响先订立的劳动合同的履行。

非全日制用工双方当事人不得约定试用期。

非全日制用工双方当事人任何一方都可以随时通知对方终止用工。

终止用工,用人单位不向劳动者支付经济补偿。

非全日制用工小时计酬标准不得低于用人单位所在地人民政府规定的最低小时工资标准。

非全日制用工劳动报酬结算支付周期最长不得超过 15 日。

41. 劳动合同监督检查有哪些规定?

县级以上地方人民政府劳动行政部门实施监督检查时,有权查阅与劳动合同、集体合同有关的材料,有权对劳动场所进行实地检查,用人单位和劳动者都应当如实提供有关情况和材料。

劳动行政部门的工作人员进行监督检查,应当出示证件,依法行使职权,文明执法。

劳动者合法权益受到侵害的,有权要求有关部门依法处理,或者依法申请仲裁、提起诉讼。

工会依法维护劳动者的合法权益,对用人单位履行劳动合同、集体合同的情况进行监督。用人单位违反劳动法律、法规和劳动合同、集体合同的,工会有权提出意见或者要求纠正;劳动者申请仲裁、提起诉讼的,工会依法给予支持和帮助。

42. 用人单位、劳动者分别需要承担的劳动合同之外的其他责任有哪些?

用人单位直接涉及劳动者切身利益的规章制度违反法律、法规规定的,由劳动行政部门责令改正,给予警告;给劳动者造成损害的,应当承担赔偿责任。

用人单位提供的劳动合同文本未载明法律规定的劳动合同必备条款或者用人单位未将劳动合同文本交付劳动者的,由劳动行政部门责令改正;给劳动者造成损害的,应当承担赔偿责任。

用人单位自用工之日起超过一个月不满一年未与劳动者订立书面劳动合同的,应当向劳动者每月支付两倍的工资。

用人单位违反法律规定不与劳动者订立无固定期限劳动合同的,自应当订立无固定期限劳动合同之日起向劳动者每月支付两倍的工资。

用人单位违法律规定与劳动者约定试用期的,由劳动行政部门责令改正;违法约定的试用期已经履行的,由用人单位以劳动者试用期满月工资为标准,按已经履行的超过法定试用期的期间向劳动者支付赔偿金。

用人单位违反法律规定,扣押劳动者居民身份证等证件的,由劳动行政部门责令限期退还劳动者本人,并依照有关法律规定给予处罚。

用人单位违反法律规定,以担保或者其他名义向劳动者收取财物或者劳动者依法解除或者终止劳动合同,用人单位扣押劳动者档案或者其他物品的,由劳动行政部门责令限期退还劳动者本人,并以每人500元以上2000元以下的标准处以罚款;给劳动者造成损害的,应当承担赔偿责任。

用人单位有下列情形之一的,由劳动行政部门责令限期支付劳动报酬、加班费或者经济补偿;劳动报酬低于当地最低工资标准的,应当支付其差额部分;逾期不支付的,责令用人单位按应付金额50%以上100%以下的标准向劳动者加付赔偿金:

(1) 未按照劳动合同的约定或者国家规定及时足额支付劳动者劳动报酬的;

(2) 低于当地最低工资标准支付劳动者工资的;

(3) 安排加班不支付加班费的;

(4) 解除或者终止劳动合同,未依照法律规定向劳动者支付经济补偿的。劳动合同依法被确认无效,给对方造成损害的,有过错的一方应当承担赔偿责任。

用人单位违反法律规定解除或者终止劳动合同的,应当依法律规定的经济补偿标准的两倍向劳动者支付赔偿金。

用人单位有下列情形之一的,依法给予行政处罚;构成犯罪的,依法追究刑事责任;给劳动者造成损害的,应当承担赔偿责任:

(1) 以暴力、威胁或者非法限制人身自由的手段强迫劳动的;

(2) 违章指挥或者强令冒险作业危及劳动者人身安全的;

(3) 侮辱、体罚、殴打、非法搜查或者拘禁劳动者的;

(4) 劳动条件恶劣、环境污染严重,给劳动者身心健康造成严重损害的。

用人单位违反法律规定未向劳动者出具解除或者终止劳动合同的书面证明,由劳动行政部门责令改正;给劳动者造成损害的,应当承担赔偿责任。

劳动者违反法律规定解除劳动合同,或者违反劳动合同中约定的保密义务或者竞业限制,给用人单位造成损失的,应当承担赔偿责任。

用人单位招用与其他用人单位尚未解除或者终止劳动合同的劳动者,给其他用人单位造成损失的,应当承担连带赔偿责任。

违反法律规定,未经许可,擅自经营劳务派遣业务的,由劳动行政部门责令停止违法行为,没收违法所得,并处违法所得 1 倍以上 5 倍以下的罚款;没有违法所得的,可以处 5 万元以下的罚款。

劳务派遣单位、用工单位违反法律有关劳务派遣规定的,由劳动行政部门责令限期改正;逾期不改正的,以每人 5 000 元以上 1 万元以下的标准处以罚款,对劳务派遣单位,吊销其劳务派遣业务经营许可证。用工单位给被派遣劳动者造成损害的,劳务派遣单位与用工单位承担连带赔偿责任。

对不具备合法经营资格的用人单位的违法犯罪行为,依法追究法律责任;劳动者已经付出劳动的,该单位或者其出资人应当依照法律有关规定向劳动者支付劳动报酬、经济补偿、赔偿金;给劳动者造成损害的,应当承担赔偿责任。

个人承包经营违反法律规定招用劳动者,给劳动者造成损害的,发包的组织与个人承包经营者承担连带赔偿责任。

十二、问知识产权

（一）关于专利的问题

1. 专利有哪些？

专利包括发明专利、使用新型专利和外观设计专利三种。

发明，是指对产品、方法或者其改进所提出的新的技术方案。

实用新型，是指对产品的形状、构造或者其结合所提出的适于实用的新技术方案。

外观设计，是指对产品的形状、图案或者其结合以及色彩与形状、图案的结合所作出的富有美感并适于工业应用的新设计。

2. 执行单位的任务或者主要是利用单位的物质技术条件所完成的发明创造，申请专利的权利归谁？

执行单位的任务或者主要是利用单位的物质技术条件所完成的发明创造为职务发明创造。

职务发明创造申请专利的权利属于该单位。申请被批准后，该单位为专利权人。

利用本单位的物质技术条件所完成的发明创造，单位与发明人或者设计人订有合同，对申请专利的权利和专利权的归属作出约定的，从其约定。

3. 非职务发明创造，申请专利的权利归谁？

非职务发明创造，申请专利的权利属于发明人或者设计人。申请被批准后，该发明人或者设计人为专利权人。

对发明人或者设计人的非职务发明创造专利申请，任何单位或者个人不得压制。

4. 两个以上单位或者个人合作完成的发明创造、一个单位或者个人接受其他单位或者个人委托所完成的发明创造，申请专利的权利归谁？

两个以上单位或者个人合作完成的发明创造、一个单位或者个人接受其他单位或者个人委托所完成的发明创造,除另有协议的以外,申请专利的权利属于完成或者共同完成的单位或者个人。申请被批准后,申请的单位或者个人为专利权人。

5. 同样的发明创造可以申请多项专利权吗?

同样的发明创造只能授予一项专利权。但是,同一申请人同日对同样的发明创造既申请实用新型专利又申请发明专利,先获得的实用新型专利权尚未终止,且申请人声明放弃该实用新型专利权的,可以授予发明专利权。

6. 两个以上的申请人分别就同样的发明创造申请专利的,如何处理?

两个以上的申请人分别就同样的发明创造申请专利的,专利权授予最先申请的人。

7. 专利申请权和专利权可以转让吗?

专利申请权和专利权可以转让。

中国单位或者个人向外国人、外国企业或者外国其他组织转让专利申请权或者专利权的,应当依照有关法律、行政法规的规定办理手续。

转让专利申请权或者专利权的,当事人应当订立书面合同,并向国务院专利行政部门登记,由国务院专利行政部门予以公告。

专利申请权或者专利权的转让自登记之日起生效。

8. 专利权被授予后,其他单位或者个人可实施该专利吗?

任何单位或者个人实施他人专利的,应当与专利权人订立实施许可合同,向专利权人支付专利使用费。被许可人无权允许合同规定以外的任何单位或者个人实施该专利。

发明和实用新型专利权被授予后,除法律另有规定的以外,任何单位或者个人未经专利权人许可,都不得实施其专利,即不得为生产经营目的制造、使用、许诺销售、销售、进口其专利产品,或者使用其专利方法以及使用、许诺销售、销售、进口依照该专利方法直接获得的产品。

外观设计专利权被授予后,任何单位或者个人未经专利权人许可,都不得实施其专利,即不得为生产经营目的制造、许诺销售、销售、进口其外观设计专利产品。

发明专利申请公布后,申请人可以要求实施其发明的单位或者个人支付适当的费用。

国有企业事业单位的发明专利,对国家利益或者公共利益具有重大意义的,国务院有关主管部门和省、自治区、直辖市人民政府报经国务院批准,可以决定在批准的范围内推广应用,允许指定的单位实施,由实施单位按照国家规定向专利权人支付使用费。

9. 专利申请权或者专利权的共有人如何行使专利权?

专利申请权或者专利权的共有人对权利的行使有约定的,从其约定。没有约定的,共有人可以单独实施或者以普通许可方式许可他人实施该专利。许可他人实施该专利的,收取的使用费应当在共有人之间分配。除此情形外,行使共有的专利申请权或者专利权应当取得全体共有人的同意。

10. 被授予专利权的单位应当对职务发明创造的发明人或者设计人给予奖励吗?

被授予专利权的单位应当对职务发明创造的发明人或者设计人给予奖励。发明创造专利实施后,根据其推广应用的范围和取得的经济效益,对发明人或者设计人给予合理的报酬。

11. 发明人或者设计人有权在专利文件中写明自己是发明人或者设计人吗?

发明人或者设计人有权在专利文件中写明自己是发明人或者设计人。

12. 专利权人有权在其专利产品或者该产品的包装上标明专利标识吗?

专利权人有权在其专利产品或者该产品的包装上标明专利标识。

13. 在中国没有经常居所或者营业所的外国人、外国企业或者外国其他组织在中国申请专利的,如何处理?

在中国没有经常居所或者营业所的外国人、外国企业或者外国其他组织在中国申请专利的,依照其所属国同中国签订的协议或者共同参加的国际条约,或者依照互惠原则,根据《专利法》办理。

在中国没有经常居所或者营业所的外国人、外国企业或者外国其他组织在中国申请专利和办理其他专利事务的,应当委托依法设立的专利代理机构办理。

14. 中国单位或者个人在国内申请专利和办理其他专利事务的,可以委托代理机构办理吗?

中国单位或者个人在国内申请专利和办理其他专利事务的,可以委托依法设立的专利代理机构办理。

专利代理机构应当遵守法律、行政法规,按照被代理人的委托办理专利申请或者其他专利事务,对被代理人发明创造的内容,除专利申请已经公布或者公告的以外,负有保密责任。

15. 单位或者个人将在中国完成的发明或者实用新型向外国申请专利的,如何办理?

任何单位或者个人将在中国完成的发明或者实用新型向外国申请专利的,应当事先报经国务院专利行政部门进行保密审查。

中国单位或者个人可以根据中华人民共和国参加的有关国际条约提出专利国际申请。

申请人提出专利国际申请的,应当遵守保密规定。

国务院专利行政部门依照中华人民共和国参加的有关国际条约、《专利法》和国务院有关规定处理专利国际申请。

16. 授予专利权的条件有哪些?

授予专利权的发明和实用新型,应当具备新颖性、创造性和实用性。

新颖性,是指该发明或者实用新型不属于现有技术,也没有任何单位或者个人就同样的发明或者实用新型在申请日以前向国务院专利行政部门提出过申请,并记载在申请日以后公布的专利申请文件或者公告的专利文件中。

创造性,是指与现有技术相比,该发明具有突出的实质性特点和显著的进步,该实用新型具有实质性特点和进步。

实用性,是指该发明或者实用新型能够制造或者使用,并且能够产生积极效果。

现有技术,是指申请日以前在国内外为公众所知的技术。

授予专利权的外观设计,应当不属于现有设计,也没有任何单位或者个人就同样的外观设计在申请日以前向国务院专利行政部门提出过申请,并记载在申请日以后公告的专利文件中。

授予专利权的外观设计与现有设计或者现有设计特征的组合相比,应当具有明显区别。

授予专利权的外观设计不得与他人在申请日以前已经取得的合法权利相冲突。

现有设计,是指申请日以前在国内外为公众所知的设计。

申请专利的发明创造在申请日以前 6 个月内,有下列情形之一的,不丧失新颖性:

(1) 在中国政府主办或者承认的国际展览会上首次展出的;

(2) 在规定的学术会议或者技术会议上首次发表的;

(3) 他人未经申请人同意而泄露其内容的。

17. 哪些内容,不会授予专利权?

以下各项,不授予专利权:

(1) 科学发现;

(2) 智力活动的规则和方法;

(3) 疾病的诊断和治疗方法;

(4) 动物和植物品种;

(5) 用原子核变换方法获得的物质;

(6) 对平面印刷品的图案、色彩或者两者的结合作出的主要起标识作用的设计。

对动物和植物品种的生产方法,可以依法规定授予专利权。

18. 如何申请专利?

申请发明或者实用新型专利的,应当提交请求书、说明书及其摘要和权利要求书等文件。

请求书应当写明发明或者实用新型的名称,发明人的姓名,申请人姓名或者名称、地址,以及其他事项。

说明书应当对发明或者实用新型作出清楚、完整的说明,以所属技术领域的技术人员能够实现为准,必要的时候,应当有附图。摘要应当简要说明发明或者实用新型的技术要点。

权利要求书应当以说明书为依据,清楚、简要地限定要求专利保护的范围。

依赖遗传资源完成的发明创造,申请人应当在专利申请文件中说明该遗传资源的直接来源和原始来源。申请人无法说明原始来源的,应当陈述理由。

申请外观设计专利的,应当提交请求书、该外观设计的图片或者照片以及对该外观设计的简要说明等文件。

申请人提交的有关图片或者照片应当清楚地显示要求专利保护的产品的外观设计。

国务院专利行政部门负责管理全国的专利工作,统一受理和审查专利申请,依法授予专利权。

19. 如何确定专利申请日?

国务院专利行政部门收到专利申请文件之日为申请日。

如果申请文件是邮寄的,以寄出的邮戳日为申请日。

20. 什么情形下,可以享有专利申请的优先权?

申请人自发明或者实用新型在外国第一次提出专利申请之日起 12 个月内,

或者自外观设计在外国第一次提出专利申请之日起 6 个月内,又在中国就相同主题提出专利申请的,依照该外国同中国签订的协议或者共同参加的国际条约,或者依照相互承认优先权的原则,可以享有优先权。

申请人自发明或者实用新型在中国第一次提出专利申请之日起 12 个月内,又向国务院专利行政部门就相同主题提出专利申请的,可以享有优先权。

申请人要求优先权的,应当在申请的时候提出书面声明,并且在 3 个月内提交第一次提出的专利申请文件的副本。未提出书面声明或者逾期未提交专利申请文件副本的,视为未要求优先权。

21. 一项发明、实用新型或外观设计可以申请多件专利吗?

一件发明或者实用新型专利申请应当限于一项发明或者实用新型。

属于一个总的发明构思的两项以上的发明或者实用新型,可以作为一件申请提出。

一件外观设计专利申请应当限于一项外观设计。

同一产品两项以上的相似外观设计,或者用于同一类别并且成套出售或者使用的产品的两项以上外观设计,可以作为一件申请提出。

22. 申请人可以撤回专利申请吗?

申请人可以在被授予专利权之前随时撤回其专利申请。

23. 申请人可以修改专利申请文件吗?

申请人可以对其专利申请文件进行修改,但是,对发明和实用新型专利申请文件的修改不得超出原说明书和权利要求书记载的范围,对外观设计专利申请文件的修改不得超出原图片或者照片表示的范围。

24. 国务院专利行政部门如何审查专利申请?

国务院专利行政部门收到发明专利申请后,经初步审查认为符合法律要求的,自申请日起满 18 个月,即行公布。

国务院专利行政部门可以根据申请人的请求早日公布其申请。

发明专利申请自申请日起 3 年内,国务院专利行政部门可以根据申请人随时提出的请求,对其申请进行实质审查。申请人无正当理由逾期不请求实质审查的,该申请即被视为撤回。

国务院专利行政部门认为必要的时候,可以自行对发明专利申请进行实质审查。

发明专利的申请人请求实质审查的时候,应当提交在申请日前与其发明有关的参考资料。

发明专利已经在外国提出过申请的,国务院专利行政部门可以要求申请人在指定期限内提交该国为审查其申请进行检索的资料或者审查结果的资料。无正当理由逾期不提交的,该申请即被视为撤回。

国务院专利行政部门对发明专利申请进行实质审查后,认为不符合法律规定的,应当通知申请人,要求其在指定的期限内陈述意见,或者对其申请进行修改。无正当理由逾期不答复的,该申请即被视为撤回。

发明专利申请经申请人陈述意见或者进行修改后,国务院专利行政部门仍然认为不符合法律规定的,应当予以驳回。

发明专利申请经实质审查没有发现驳回理由的,由国务院专利行政部门作出授予发明专利权的决定,发给发明专利证书,同时予以登记和公告。发明专利权自公告之日起生效。

实用新型和外观设计专利申请经初步审查没有发现驳回理由的,由国务院专利行政部门作出授予实用新型专利权或者外观设计专利权的决定,发给相应的专利证书,同时予以登记和公告。实用新型专利权和外观设计专利权自公告之日起生效。

国务院专利行政部门设立专利复审委员会。专利申请人对国务院专利行政部门驳回申请的决定不服的,可以自收到通知之日起 3 个月内,向专利复审委员会请求复审。专利复审委员会复审后,作出决定,并通知专利申请人。

专利申请人对专利复审委员会的复审决定不服的,可以自收到通知之日起 3 个月内向人民法院起诉。

25. 专利权的期限分别为多长?

发明专利权的期限为 20 年,实用新型专利权和外观设计专利权的期限为 10 年,均自申请日起计算。

26. 获得专利权后,专利权人需要缴费吗?

专利权人应当自被授予专利权的当年开始缴纳年费。

27. 什么情形下,专利权在期限届满前终止?

有下列情形之一的,专利权在期限届满前终止:
(1)没有按照规定缴纳年费的;
(2)专利权人以书面声明放弃其专利权的。
专利权在期限届满前终止的,由国务院专利行政部门登记和公告。

28. 国务院专利行政部门公告授予专利权后,单位或者个人认为该专利权的授予不符合法律规定的,如何处理?

自国务院专利行政部门公告授予专利权之日起,任何单位或者个人认为该专利权的授予不符合法律有关规定的,可以请求专利复审委员会宣告该专利权无效。

专利复审委员会对宣告专利权无效的请求应当及时审查和作出决定,并通知请求人和专利权人。宣告专利权无效的决定,由国务院专利行政部门登记和公告。

对专利复审委员会宣告专利权无效或者维持专利权的决定不服的,可以自收到通知之日起 3 个月内向人民法院起诉。人民法院应当通知无效宣告请求程序的对方当事人作为第三人参加诉讼。

宣告无效的专利权视为自始即不存在。

29. 在宣告专利权无效前已执行或履行完的专利侵权的判决、调解书、处理决定、专利实施许可合同和专利权转让合同,如何处理?

宣告专利权无效的决定,对在宣告专利权无效前人民法院作出并已执行的专利侵权的判决、调解书,已经履行或者强制执行的专利侵权纠纷处理决定,以及已经履行的专利实施许可合同和专利权转让合同,不具有追溯力。但是因专利权人的恶意给他人造成的损失,应当给予赔偿。但不返还专利侵权赔偿金、专利使用费、专利权转让费,明显违反公平原则的,应当全部或者部分返还。

30. 什么情形下,专利权会被强制许可实施?

有下列情形之一的,国务院专利行政部门根据具备实施条件的单位或者个人的申请,可以给予实施发明专利或者实用新型专利的强制许可:

(1)专利权人自专利权被授予之日起满 3 年,且自提出专利申请之日起满 4 年,无正当理由未实施或者未充分实施其专利的;

(2)专利权人行使专利权的行为被依法认定为垄断行为,为消除或者减少该行为对竞争产生的不利影响的。

在国家出现紧急状态或者非常情况时,或者为了公共利益的目的,国务院专利行政部门可以给予实施发明专利或者实用新型专利的强制许可。

为了公共健康目的,对取得专利权的药品,国务院专利行政部门可以给予制造并将其出口到符合中华人民共和国参加的有关国际条约规定的国家或者地区的强制许可。

一项取得专利权的发明或者实用新型比前已经取得专利权的发明或者实用新型具有显著经济意义的重大技术进步,其实施又有赖于前一发明或者实用新型的实施的,国务院专利行政部门根据后一专利权人的申请,可以给予实施前一发明或者实用新型的强制许可。在依照此规定给予实施强制许可的情形下,国务院专利行政部门根据前一专利权人的申请,也可以给予实施后一发明或者实用新型的强制许可。

国务院专利行政部门作出的给予实施强制许可的决定,应当及时通知专利权人,并予以登记和公告。

给予实施强制许可的决定,应当根据强制许可的理由规定实施的范围和时间。强制许可的理由消除并不再发生时,国务院专利行政部门应当根据专利权人的请求,经审查后作出终止实施强制许可的决定。

取得实施强制许可的单位或者个人不享有独占的实施权,并且无权允许他人实施。

取得实施强制许可的单位或者个人应当付给专利权人合理的使用费,或者依照中华人民共和国参加的有关国际条约的规定处理使用费问题。付给使用费的,其数额由双方协商。双方不能达成协议的,由国务院专利行政部门裁决。

专利权人对国务院专利行政部门关于实施强制许可的决定不服的,专利权人和取得实施强制许可的单位或者个人对国务院专利行政部门关于实施强制许可的使用费的裁决不服的,可以自收到通知之日起 3 个月内向人民法院起诉。

31. 我国如何保护专利权?

发明或者实用新型专利权的保护范围以其权利要求的内容为准,说明书及附图可以用于解释权利要求的内容。

外观设计专利权的保护范围以表示在图片或者照片中的该产品的外观设计为准,简要说明可以用于解释图片或者照片所表示的该产品的外观设计。

未经专利权人许可,实施其专利,即侵犯其专利权,引起纠纷的,由当事人协商解决。不愿协商或者协商不成的,专利权人或者利害关系人可以向人民法院起诉,也可以请求管理专利工作的部门处理。管理专利工作的部门处理时,认定侵权行为成立的,可以责令侵权人立即停止侵权行为,当事人不服的,可以自收到处理通知之日起 15 日内依照《行政诉讼法》向人民法院起诉。侵权人期满不起诉又不停止侵权行为的,管理专利工作的部门可以申请人民法院强制执行。进行处理的管理专利工作的部门应当事人的请求,可以就侵犯专利权的赔偿数额进行调解。调解不成的,当事人可以依照《民事诉讼法》向人民法院起诉。

专利侵权纠纷涉及新产品制造方法的发明专利的,制造同样产品的单位或者个人应当提供其产品制造方法不同于专利方法的证明。

专利侵权纠纷涉及实用新型专利或者外观设计专利的,人民法院或者管理专利工作的部门可以要求专利权人或者利害关系人出具由国务院专利行政部门对相关实用新型或者外观设计进行检索、分析和评价后作出的专利权评价报告,作为审理、处理专利侵权纠纷的证据。

在专利侵权纠纷中,被控侵权人有证据证明其实施的技术或者设计属于现有技术或者现有设计的,不构成侵犯专利权。

假冒专利的,除依法承担民事责任外,由管理专利工作的部门责令改正并予公告,没收违法所得,可以并处违法所得 4 倍以下的罚款;没有违法所得的,可以处 20 万元以下的罚款;构成犯罪的,依法追究刑事责任。

管理专利工作的部门根据已经取得的证据,对涉嫌假冒专利行为进行查处时,可以询问有关当事人,调查与涉嫌违法行为有关的情况;对当事人涉嫌违法行为的场所实施现场检查;查阅、复制与涉嫌违法行为有关的合同、发票、账簿以及其他有关资料;检查与涉嫌违法行为有关的产品,对有证据证明是假冒专利的产品,可以查封或者扣押。管理专利工作的部门依法行使职权时,当事人应当予以协助、配合,不得拒绝、阻挠。

侵犯专利权的赔偿数额按照权利人因被侵权所受到的实际损失确定。实际损失难以确定的,可以按照侵权人因侵权所获得的利益确定。权利人的损失或者侵权人获得的利益难以确定的,参照该专利许可使用费的倍数合理确定。赔偿数额还应当包括权利人为制止侵权行为所支付的合理开支。

权利人的损失、侵权人获得的利益和专利许可使用费均难以确定的,人民法院可以根据专利权的类型、侵权行为的性质和情节等因素,确定给予 1 万元以上 100 万元以下的赔偿。

专利权人或者利害关系人有证据证明他人正在实施或者即将实施侵犯专利权的行为,如不及时制止将会使其合法权益受到难以弥补的损害的,可以在起诉前向人民法院申请采取责令停止有关行为的措施。

申请人提出申请时,应当提供担保;不提供担保的,驳回申请。

人民法院应当自接受申请之时起 48 小时内作出裁定。有特殊情况需要延长的,可以延长 48 小时。裁定责令停止有关行为的,应当立即执行。当事人对裁定不服的,可以申请复议一次,复议期间不停止裁定的执行。

申请人自人民法院采取责令停止有关行为的措施之日起 15 日内不起诉的,人民法院应当解除该措施。

申请有错误的,申请人应当赔偿被申请人因停止有关行为所遭受的损失。

为了制止专利侵权行为,在证据可能灭失或者以后难以取得的情况下,专利权人或者利害关系人可以在起诉前向人民法院申请保全证据。

人民法院采取保全措施,可以责令申请人提供担保。申请人不提供担保的,驳回申请。

人民法院应当自接受申请之时起 48 小时内作出裁定。裁定采取保全措施的,应当立即执行。

申请人自人民法院采取保全措施之日起 15 日内不起诉的,人民法院应当解除该措施。

侵犯专利权的诉讼时效为两年,自专利权人或者利害关系人得知或者应当得知侵权行为之日起计算。

发明专利申请公布后至专利权授予前使用该发明未支付适当使用费的,专利权人要求支付使用费的诉讼时效为两年,自专利权人得知或者应当得知他人使用其发明之日起计算,但是,专利权人于专利权授予之日前即已得知或者应当得知的,自专利权授予之日起计算。

32. 哪些情形,不视为侵犯专利权?

下列情形之一,不视为侵犯专利权:

(1)专利产品或者依照专利方法直接获得的产品,由专利权人或者经其许可的单位、个人售出后,使用、许诺销售、销售、进口该产品的;

(2)在专利申请日前已经制造相同产品、使用相同方法或者已经作好制造、使用的必要准备,并且仅在原有范围内继续制造、使用的;

(3)临时通过中国领陆、领水、领空的外国运输工具,依照其所属国同中国签订的协议或者共同参加的国际条约,或者依照互惠原则,为运输工具自身需要而在其装置和设备中使用有关专利的;

(4)专为科学研究和实验而使用有关专利的;

(5)为提供行政审批所需要的信息,制造、使用、进口专利药品或者专利医疗器械的,以及专门为其制造、进口专利药品或者专利医疗器械的。

33. 什么情形下,制造并售出专利侵权产品,不承担赔偿责任?

为生产经营目的使用、许诺销售或者销售不知道是未经专利权人许可而制造并售出的专利侵权产品,能证明该产品合法来源的,不承担赔偿责任。

(二)关于商标的问题

34. 哪个部门主管商标注册工作?

国务院工商行政管理部门商标局主管全国商标注册和管理的工作。

国务院工商行政管理部门设立商标评审委员会,负责处理商标争议事宜。

自然人、法人或者其他组织在生产经营活动中,对其商品或者服务需要取得商标专用权的,应当向商标局申请商标注册。

35. 注册商标有哪几类?

经商标局核准注册的商标为注册商标,包括商品商标、服务商标和集体商标、证明商标。商标注册人享有商标专用权,受法律保护。

集体商标,是指以团体、协会或者其他组织名义注册,供该组织成员在商事活动中使用,以表明使用者在该组织中的成员资格的标志。

证明商标,是指由对某种商品或者服务具有监督能力的组织所控制,而由该组织以外的单位或者个人使用于其商品或者服务,用以证明该商品或者服务的原产地、原料、制造方法、质量或者其他特定品质的标志。

36. 两个以上的自然人、法人或者其他组织可以共同申请注册商标吗?

两个以上的自然人、法人或者其他组织可以共同向商标局申请注册同一商标,共同享有和行使该商标专用权。

37. 销售法律、行政法规规定必须使用注册商标的商品,如何处理?

法律、行政法规规定必须使用注册商标的商品,必须申请商标注册,未经核准注册的,不得在市场销售。

38. 谁应当对使用商标的商品质量负责?

商标使用人应当对其使用商标的商品质量负责。

各级工商行政管理部门应当通过商标管理,制止欺骗消费者的行为。

39. 哪些内容可以作为商标申请注册?

任何能够将自然人、法人或者其他组织的商品与他人的商品区别开的标志,包括文字、图形、字母、数字、三维标志、颜色组合和声音等,以及上述要素的组合,均可以作为商标申请注册。

申请注册的商标,应当有显著特征,便于识别,并不得与他人在先取得的合法权利相冲突。

40. 谁有权标明"注册商标"或者注册标记?

商标注册人有权标明"注册商标"或者注册标记。

41. 哪些内容不得作为商标使用?

以下标志不得作为商标使用:

(1)同中华人民共和国的国家名称、国旗、国徽、国歌、军旗、军徽、军歌、勋章等相同或者近似的,以及同中央国家机关的名称、标志、所在地特定地点的名称或者标志性建筑物的名称、图形相同的;

(2)同外国的国家名称、国旗、国徽、军旗等相同或者近似的,但经该国政府同意的除外;

(3)同政府间国际组织的名称、旗帜、徽记等相同或者近似的,但经该组织同意或者不易误导公众的除外;

(4)与表明实施控制、予以保证的官方标志、检验印记相同或者近似的,但经授权的除外;

(5)同"红十字""红新月"的名称、标志相同或者近似的;

(6)带有民族歧视性的;

(7)带有欺骗性,容易使公众对商品的质量等特点或者产地产生误认的;

(8)有害于社会主义道德风尚或者有其他不良影响的。

(9)县级以上行政区划的地名或者公众知晓的外国地名,不得作为商标。但是,地名具有其他含义或者作为集体商标、证明商标组成部分的除外。已经注册的使用地名的商标继续有效。

42. 哪些标志不得作为商标注册?

以下标志不得作为商标注册:

(1)仅有本商品的通用名称、图形、型号的;

(2)仅直接表示商品的质量、主要原料、功能、用途、重量、数量及其他特点的;

(3)其他缺乏显著特征的。

以上所列标志经过使用取得显著特征,并便于识别的,可以作为商标注册。

以三维标志申请注册商标的,仅由商品自身的性质产生的形状、为获得技术效果而需有的商品形状或者使商品具有实质性价值的形状,不得注册。

43. 什么情形不予注册并禁止使用?

就相同或者类似商品申请注册的商标是复制、摹仿或者翻译他人未在中国注册的驰名商标,容易导致混淆的,不予注册并禁止使用。

就不相同或者不相类似商品申请注册的商标是复制、摹仿或者翻译他人已经在中国注册的驰名商标,误导公众,致使该驰名商标注册人的利益可能受到损害的,不予注册并禁止使用。

商标中有商品的地理标志,而该商品并非来源于该标志所标示的地区,误导公众的,不予注册并禁止使用。但是,已经善意取得注册的继续有效。

地理标志,是指标示某商品来源于某地区,该商品的特定质量、信誉或者其他特征,主要由该地区的自然因素或者人文因素所决定的标志。

44. 什么情形可以请求驰名商标保护?

为相关公众所熟知的商标,持有人认为其权利受到侵害时,可以依法请求驰名商标保护。

45. 如何认定驰名商标?

驰名商标应当根据当事人的请求,作为处理涉及商标案件需要认定的事实进行认定。认定驰名商标应当考虑下列因素:

（1）相关公众对该商标的知晓程度；

（2）该商标使用的持续时间；

（3）该商标的任何宣传工作的持续时间、程度和地理范围；

（4）该商标作为驰名商标受保护的记录；

（5）该商标驰名的其他因素。

在商标注册审查、工商行政管理部门查处商标违法案件过程中，当事人依法律规定主张权利的，商标局根据审查、处理案件的需要，可以对商标驰名情况作出认定。

在商标争议处理过程中，当事人依法主张权利的，商标评审委员会根据处理案件的需要，可以对商标驰名情况作出认定。

在商标民事、行政案件审理过程中，当事人依法主张权利的，最高人民法院指定的人民法院根据审理案件的需要，可以对商标驰名情况作出认定。

46. 生产、经营者可以将"驰名商标"字样用于商品、商品包装或者容器上，或者用于广告宣传、展览或其他商业活动中吗？

生产、经营者不得将"驰名商标"字样用于商品、商品包装或者容器上，或者用于广告宣传、展览以及其他商业活动中。

47. 代理人或者代表人可以自己的名义将被代理人或者被代表人的商标进行注册吗？

未经授权，代理人或者代表人以自己的名义将被代理人或者被代表人的商标进行注册，被代理人或者被代表人提出异议的，不予注册并禁止使用。

48. 商标申请人与他人有合同、业务往来关系或者其他关系而明知该他人商标存在，仍旧申请注册同一种商品或者类似商品的商标，如何处理？

就同一种商品或者类似商品申请注册的商标与他人在先使用的未注册商标相同或者近似，申请人与该他人具有合同、业务往来关系或者其他关系而明知该他人商标存在，该他人提出异议的，不予注册。

49. 申请商标注册或者办理其他商标事宜，可以委托代理机构办理吗？

申请商标注册或者办理其他商标事宜，可以自行办理，也可以委托依法设立的商标代理机构办理。

外国人或者外国企业在中国申请商标注册和办理其他商标事宜的，应当委托依法设立的商标代理机构办理。

商标代理机构应当遵循诚实信用原则，遵守法律、行政法规，按照被代理人的委托办理商标注册申请或者其他商标事宜,对在代理过程中知悉的被代理人的商业秘密,负有保密义务。

委托人申请注册的商标可能存在依法规定不得注册情形的,商标代理机构应当明确告知委托人。

50. 商标代理机构除对其代理服务申请商标注册外,可以申请注册其他商标吗?

商标代理机构除对其代理服务申请商标注册外,不得申请注册其他商标。

51. 如何申请注册商标?

商标注册申请人应当按规定的商品分类表填报使用商标的商品类别和商品名称,提出注册申请。

商标注册申请人可以通过一份申请就多个类别的商品申请注册同一商标。

商标注册申请等有关文件,可以以书面方式或者数据电文方式提出。

注册商标需要在核定使用范围之外的商品上取得商标专用权的,应当另行提出注册申请。

注册商标需要改变其标志的,应当重新提出注册申请。

商标注册申请人自其商标在外国第一次提出商标注册申请之日起 6 个月内,又在中国就相同商品以同一商标提出商标注册申请的,依照该外国同中国签订的协议或者共同参加的国际条约,或者按照相互承认优先权的原则,可以享有优先权。商标注册申请人以此要求优先权的,应当在提出商标注册申请的时候提出书面声明,并且在 3 个月内提交第一次提出的商标注册申请文件的副本。未提出书面声明或者逾期未提交商标注册申请文件副本的,视为未要求优先权。

商标在中国政府主办的或者承认的国际展览会展出的商品上首次使用的,自该商品展出之日起 6 个月内,该商标的注册申请人可以享有优先权。商标注册申请人以此要求优先权的,应当在提出商标注册申请的时候提出书面声明,并且在 3 个月内提交展出其商品的展览会名称、在展出商品上使用该商标的证据、展出日期等证明文件。未提出书面声明或者逾期未提交证明文件的,视为未要求优先权。

为申请商标注册所申报的事项和所提供的材料应当真实、准确、完整。

52. 商标局如何审查和核准商标注册?

对申请注册的商标,商标局应当自收到商标注册申请文件之日起 9 个月内审查完毕,符合本法有关规定的,予以初步审定公告。

在审查过程中,商标局认为商标注册申请内容需要说明或者修正的,可以要求申请人做出说明或者修正。申请人未做出说明或者修正的，不影响商标局做出审查决定。

申请注册的商标，凡不符合法律有关规定或者同他人在同一种商品或者类似商品上已经注册的或者初步审定的商标相同或者近似的，由商标局驳回申请，不予公告。

两个或者两个以上的商标注册申请人，在同一种商品或者类似商品上，以相同或者近似的商标申请注册的，初步审定并公告申请在先的商标；同一天申请的，初步审定并公告使用在先的商标，驳回其他人的申请，不予公告。

申请商标注册不得损害他人现有的在先权利，也不得以不正当手段抢先注册他人已经使用并有一定影响的商标。

对初步审定公告的商标，自公告之日起 3 个月内，在先权利人、利害关系人认为违反法律规定的，或者任何人认为违反法律规定的，可以向商标局提出异议。公告期满无异议的，予以核准注册，发给商标注册证，并予公告。

对驳回申请、不予公告的商标，商标局应当书面通知商标注册申请人。

商标注册申请人不服的，可以自收到通知之日起 15 日内向商标评审委员会申请复审。商标评审委员会应当自收到申请之日起 9 个月内做出决定，并书面通知申请人。有特殊情况需要延长的，经国务院工商行政管理部门批准，可以延长 3 个月。当事人对商标评审委员会的决定不服的，可以自收到通知之日起 30 日内向人民法院起诉。

对初步审定公告的商标提出异议的，商标局应当听取异议人和被异议人陈述事实和理由，经调查核实后，自公告期满之日起 12 个月内做出是否准予注册的决定，并书面通知异议人和被异议人。有特殊情况需要延长的，经国务院工商行政管理部门批准，可以延长 6 个月。

商标局做出准予注册决定的，发给商标注册证，并予公告。异议人不服的，可以依法向商标评审委员会请求宣告该注册商标无效。

商标局做出不予注册决定，被异议人不服的，可以自收到通知之日起 15 日内向商标评审委员会申请复审。商标评审委员会应当自收到申请之日起 12 个月内做出复审决定，并书面通知异议人和被异议人。有特殊情况需要延长的，经国务院工商行政管理部门批准，可以延长 6 个月。被异议人对商标评审委员会的决定不服的，可以自收到通知之日起 30 日内向人民法院起诉。人民法院应当通知异议人作为第三人参加诉讼。

商标评审委员会在依照以上规定进行复审的过程中，所涉及的在先权利的确定必须以人民法院正在审理或者行政机关正在处理的另一案件的结果为依据的，可以中止审查。中止原因消除后，应当恢复审查程序。

法定期限届满，当事人对商标局做出的驳回申请决定、不予注册决定不申请复审或者对商标评审委员会做出的复审决定不向人民法院起诉的，驳回申请决定、不予注册决定或者复审决定生效。

经审查异议不成立而准予注册的商标,商标注册申请人取得商标专用权的时间自初步审定公告 3 个月期满之日起计算。

自该商标公告期满之日起至准予注册决定做出前,对他人在同一种或者类似商品上使用与该商标相同或者近似的标志的行为不具有追溯力。但是,因该使用人的恶意给商标注册人造成的损失,应当给予赔偿。

53. 商标注册申请人或者注册人发现商标申请文件或者注册文件有明显错误的,如何处理?

商标注册申请人或者注册人发现商标申请文件或者注册文件有明显错误的,可以申请更正。商标局依法在其职权范围内作出更正,并通知当事人。

更正错误不得涉及商标申请文件或者注册文件的实质性内容。

54. 注册商标有效期多长?期满如何续展?

注册商标的有效期为 10 年,自核准注册之日起计算。

55. 注册商标有效期期满如何续展?

注册商标有效期满,需要继续使用的,商标注册人应当在期满前 12 个月内按照规定办理续展手续。在此期间未能办理的,可以给予 6 个月的宽展期。每次续展注册的有效期为 10 年,自该商标上一届有效期满次日起计算。

期满未办理续展手续的,注销其注册商标。

商标局应当对续展注册的商标予以公告。

56. 注册商标注册时相关内容发生变更的,如何处理?

注册商标需要变更注册人的名义、地址或者其他注册事项的,应当提出变更申请。

57. 如何转让注册商标?

转让注册商标的,转让人和受让人应当签订转让协议,并共同向商标局提出申请。受让人应当保证使用该注册商标的商品质量。

转让注册商标的,商标注册人对其在同一种商品上注册的近似的商标,或者在类似商品上注册的相同或者近似的商标,应当一并转让。

对容易导致混淆或者有其他不良影响的转让,商标局不予核准,书面通知申请人并说明理由。

转让注册商标经核准后,予以公告。受让人自公告之日起享有商标专用权。

58. 如何许可使用注册商标?

商标注册人可以通过签订商标使用许可合同,许可他人使用其注册商标。许可人应当监督被许可人使用其注册商标的商品质量。被许可人应当保证使用该注册商标的商品质量。

经许可使用他人注册商标的,必须在使用该注册商标的商品上标明被许可人的名称和商品产地。

许可他人使用其注册商标的,许可人应当将其商标使用许可报商标局备案,由商标局公告。商标使用许可未经备案不得对抗善意第三人。

59. 已经注册的商标,什么情形下,可以被宣告无效?

已经注册的商标,违反法律规定或是以欺骗手段或其他不正当手段取得注册的,由商标局宣告该注册商标无效。其他单位或者个人可以请求商标评审委员会宣告该注册商标无效。

商标局做出宣告注册商标无效的决定,应当书面通知当事人。

当事人对商标局的决定不服的,可以自收到通知之日起 15 日内向商标评审委员会申请复审。

商标评审委员会应当自收到申请之日起 9 个月内做出决定,并书面通知当事人。有特殊情况需要延长的,经国务院工商行政管理部门批准,可以延长 3 个月。当事人对商标评审委员会的决定不服的,可以自收到通知之日起 30 日内向人民法院起诉。

其他单位或者个人请求商标评审委员会宣告注册商标无效的,商标评审委员会收到申请后,应当书面通知有关当事人,并限期提出答辩。商标评审委员会应当自收到申请之日起 9 个月内做出维持注册商标或者宣告注册商标无效的裁定,并书面通知当事人。有特殊情况需要延长的,经国务院工商行政管理部门批准,可以延长 3 个月。当事人对商标评审委员会的裁定不服的,可以自收到通知之日起 30 日内向人民法院起诉。人民法院应当通知商标裁定程序的对方当事人作为第三人参加诉讼。

法定期限届满,当事人对商标局宣告注册商标无效的决定不申请复审或者对商标评审委员会的复审决定、维持注册商标或者宣告注册商标无效的裁定不向人民法院起诉的,商标局的决定或者商标评审委员会的复审决定、裁定生效。

依法宣告无效的注册商标,由商标局予以公告,该注册商标专用权视为自始即不存在。

宣告注册商标无效的决定或者裁定,对宣告无效前人民法院做出并已执行的商标侵权案件的判决、裁定、调解书和工商行政管理部门做出并已执行的商标侵权案件的处理决定以及已经履行的商标转让或者使用许可合同不具有追溯力。但是,因商标注册人的恶意给他人造成的损失,应当给予赔偿。不返还商标侵权赔偿金、商标转让费、商标使用费,明显违反公平原则的,应当全部或者部分返还。

60. 商标权人如何使用商标?

商标的使用,是指将商标用于商品、商品包装或者容器以及商品交易文书上,或者将商标用于广告宣传、展览以及其他商业活动中,用于识别商品来源的行为。

商标注册人在使用注册商标的过程中,自行改变注册商标、注册人名义、地址或者其他注册事项的,由地方工商行政管理部门责令限期改正,期满不改正的,由商标局撤销其注册商标。

注册商标成为其核定使用的商品的通用名称或者没有正当理由连续 3 年不使用的,任何单位或者个人可以向商标局申请撤销该注册商标。商标局应当自收到申请之日起 9 个月内做出决定。有特殊情况需要延长的,经国务院工商行政管理部门批准,可以延长 3 个月。

61. 注册商标被撤销、被宣告无效或者期满不再续展的,还可以重新注册吗?

注册商标被撤销、被宣告无效或者期满不再续展的,自撤销、宣告无效或者注销之日起一年内,商标局对与该商标相同或者近似的商标注册申请,不予核准。

62. 违反《商标法》规定,需要承担的主要责任有哪些?

违反法律、行政法规规定,必须使用注册商标的商品、必须申请商标注册,而未使用核准注册商标的,由地方工商行政管理部门责令限期申请注册,违法经营额 5 万元以上的,可以处违法经营额 20% 以下的罚款,没有违法经营额或者违法经营额不足 5 万元的,可以处 1 万元以下的罚款。

将未注册商标冒充注册商标使用的,或者使用未注册商标违反法律规定的,由地方工商行政管理部门予以制止,限期改正,并可以予以通报,违法经营额 5 万元以上的,可以处违法经营额 20% 以下的罚款,没有违法经营额或者违法经营额不足 5 万元的,可以处 1 万元以下的罚款。

违反驰名商标相关法律规定的,由地方工商行政管理部门责令改正,处 10 万元罚款。

63. 对商标局撤销或者不予撤销注册商标的决定不服的,如何处理?

对商标局撤销或者不予撤销注册商标的决定,当事人不服的,可以自收到通知之日起 15 日内向商标评审委员会申请复审。商标评审委员会应当自收到申请之日起 9 个月内做出决定,并书面通知当事人。有特殊情况需要延长的,经国务院工商行政管理部门批准,可以延长 3 个月。当事人对商标评审委员会的决定不服的,可以自收到通知之日起 30 日内向人民法院起诉。

法定期限届满,当事人对商标局做出的撤销注册商标的决定不申请复审或者对商标评审委员会做出的复审决定不向人民法院起诉的,撤销注册商标的决定、复审决定生效。

被撤销的注册商标,由商标局予以公告,该注册商标专用权自公告之日起终止。

64. 注册商标的专用权范围如何界定?

注册商标的专用权,以核准注册的商标和核定使用的商品为限。

65. 哪些行为属于侵犯注册商标专用权的行为?

以下行为,均属侵犯注册商标专用权的行为:

(1) 未经商标注册人的许可,在同一种商品上使用与其注册商标相同的商标的;

(2) 未经商标注册人的许可,在同一种商品上使用与其注册商标近似的商标,或者在类似商品上使用与其注册商标相同或者近似的商标,容易导致混淆的;

(3) 销售侵犯注册商标专用权的商品的;

(4) 伪造、擅自制造他人注册商标标识或者销售伪造、擅自制造的注册商标标识的;

(5) 未经商标注册人同意,更换其注册商标并将该更换商标的商品又投入市场的;

(6) 故意为侵犯他人商标专用权行为提供便利条件,帮助他人实施侵犯商标专用权行为的;

(7) 给他人的注册商标专用权造成其他损害的。

66. 使用商标的什么行为,会构成不正当竞争行为?

将他人注册商标、未注册的驰名商标作为企业名称中的字号使用,误导公众,构成不正当竞争行为的,依照《反不正当竞争法》处理。

67. 什么情形下,注册商标专用权人无权禁止他人正当使用?

注册商标中含有的本商品的通用名称、图形、型号,或者直接表示商品的质量、主要原料、功能、用途、重量、数量及其他特点,或者含有的地名,注册商标专用权人无权禁止他人正当使用。

三维标志注册商标中含有的商品自身的性质产生的形状、为获得技术效果而需有的商品形状或者使商品具有实质性价值的形状,注册商标专用权人无权禁止他人正当使用。

商标注册人申请商标注册前,他人已经在同一种商品或者类似商品上先于商标注册人使用与注册商标相同或者近似并有一定影响的商标的,注册商标专用权人无权禁止该使用人在原使用范围内继续使用该商标,但可以要求其附加适当区别标识。

68. 侵犯注册商标专用权引起纠纷的,如何处理?

侵犯注册商标专用权引起纠纷的,由当事人协商解决,不愿协商或者协商不成的,商标注册人或者利害关系人可以向人民法院起诉,也可以请求工商行政管理部门处理。

工商行政管理部门处理时,认定侵权行为成立的,责令立即停止侵权行为,没收、销毁侵权商品和主要用于制造侵权商品、伪造注册商标标识的工具,违法经营额 5 万元以上的,可以处违法经营额 5 倍以下的罚款,没有违法经营额或者违法经营额不足 5 万元的,可以处 25 万元以下的罚款。对 5 年内实施两次以上商标侵权行为或者有其他严重情节的,应当从重处罚。销售不知道是侵犯注册商标专用权的商品,能证明该商品是自己合法取得并说明提供者的,由工商行政管理部门责令停止销售。

对侵犯商标专用权的赔偿数额的争议,当事人可以请求进行处理的工商行政管理部门调解,也可以依照《民事诉讼法》向人民法院起诉。经工商行政管理部门调解,当事人未达成协议或者调解书生效后不履行的,当事人可以依照《民事诉讼法》向人民法院起诉。

对侵犯注册商标专用权的行为,工商行政管理部门有权依法查处,涉嫌犯罪的,应当及时移送司法机关依法处理。

69. 工商行政管理部门对涉嫌侵犯他人注册商标专用权的行为进行查处时,可以行使哪些职权?

县级以上工商行政管理部门根据已经取得的违法嫌疑证据或者举报,对涉嫌侵犯他人注册商标专用权的行为进行查处时,可以行使下列职权:

(1)询问有关当事人,调查与侵犯他人注册商标专用权有关的情况;

(2)查阅、复制当事人与侵权活动有关的合同、发票、账簿以及其他有关资料;

(3)对当事人涉嫌从事侵犯他人注册商标专用权活动的场所实施现场检查;

（4）检查与侵权活动有关的物品,对有证据证明是侵犯他人注册商标专用权的物品,可以查封或者扣押。

工商行政管理部门依法行使职权时,当事人应当予以协助、配合,不得拒绝、阻挠。

在查处商标侵权案件过程中,对商标权属存在争议或者权利人同时向人民法院提起商标侵权诉讼的,工商行政管理部门可以中止案件的查处。中止原因消除后,应当恢复或者终结案件查处程序。

70. 如何确定侵犯商标专用权的赔偿数额?

侵犯商标专用权的赔偿数额,按照权利人因被侵权所受到的实际损失确定;实际损失难以确定的,可以按照侵权人因侵权所获得的利益确定;权利人的损失或者侵权人获得的利益难以确定的,参照该商标许可使用费的倍数合理确定。对恶意侵犯商标专用权,情节严重的,可以在按照上述方法确定数额的 1 倍以上 3 倍以下确定赔偿数额。赔偿数额应当包括权利人为制止侵权行为所支付的合理开支。

人民法院为确定赔偿数额,在权利人已经尽力举证,而与侵权行为相关的账簿、资料主要由侵权人掌握的情况下,可以责令侵权人提供与侵权行为相关的账簿、资料。侵权人不提供或者提供虚假的账簿、资料的,人民法院可以参考权利人的主张和提供的证据判定赔偿数额。

权利人因被侵权所受到的实际损失、侵权人因侵权所获得的利益、注册商标许可使用费难以确定的,由人民法院根据侵权行为的情节判决给予 300 万元以下的赔偿。

注册商标专用权人请求赔偿,被控侵权人以注册商标专用权人未使用注册商标提出抗辩的,人民法院可以要求注册商标专用权人提供此前 3 年内实际使用该注册商标的证据。注册商标专用权人不能证明此前 3 年内实际使用过该注册商标,也不能证明因侵权行为受到其他损失的,被控侵权人不承担赔偿责任。

销售不知道是侵犯注册商标专用权的商品,能证明该商品是自己合法取得并说明提供者的,不承担赔偿责任。

未经商标注册人许可,在同一种商品上使用与其注册商标相同的商标,构成犯罪的,除赔偿被侵权人的损失外,依法追究刑事责任。

伪造、擅自制造他人注册商标标识或者销售伪造、擅自制造的注册商标标识,构成犯罪的,除赔偿被侵权人的损失外,依法追究刑事责任。

销售明知是假冒注册商标的商品,构成犯罪的,除赔偿被侵权人的损失外,依法追究刑事责任。

71. 商标注册人或者利害关系人有证据证明他人正在实施或者即将实施侵犯其注册商标专用权行为的,如何处理?

商标注册人或者利害关系人有证据证明他人正在实施或者即将实施侵犯其注册商标专用权的行为,如不及时制止将会使其合法权益受到难以弥补的损害的,可以依法在起诉前向人民法院申请采取责令停止有关行为和财产保全的措施。

为制止侵权行为,在证据可能灭失或者以后难以取得的情况下,商标注册人或者利害关系人可以依法在起诉前向人民法院申请保全证据。

72. 商标代理机构的哪些行为,会被认定为违规或违法行为?

商标代理机构有下列行为之一的,由工商行政管理部门责令限期改正,给予警告,处 1 万元以上 10 万元以下的罚款,对直接负责的主管人员和其他直接责任人员给予警告,处 5 000 元以上 5 万元以下的罚款,构成犯罪的,依法追究刑事责任:

(1) 办理商标事宜过程中,伪造、变造或者使用伪造、变造的法律文件、印章、签名的;

(2) 以诋毁其他商标代理机构等手段招揽商标代理业务或者以其他不正当手段扰乱商标代理市场秩序的;

(3) 违反《商标法》规定的。

商标代理机构有以上行为的,由工商行政管理部门记入信用档案。情节严重的,商标局、商标评审委员会可以决定停止受理其办理商标代理业务,予以公告。

商标代理机构违反诚实信用原则,侵害委托人合法利益的,应当依法承担民事责任,并由商标代理行业组织按照章程规定予以惩戒。

73. 从事商标注册、管理和复审工作的国家机关工作人员应承担哪些责任?

从事商标注册、管理和复审工作的国家机关工作人员必须秉公执法,廉洁自律,忠于职守,文明服务。

商标局、商标评审委员会以及从事商标注册、管理和复审工作的国家机关工作人员不得从事商标代理业务和商品生产经营活动。

工商行政管理部门应当建立健全内部监督制度,对负责商标注册、管理和复审工作的国家机关工作人员执行法律、行政法规和遵守纪律的情况,进行监督检查。

从事商标注册、管理和复审工作的国家机关工作人员玩忽职守、滥用职权、徇私舞弊,违法办理商标注册、管理和复审事项,收受当事人财物,牟取不正当利益,构成犯罪的,依法追究刑事责任;尚不构成犯罪的,依法给予处分。

74. 申请商标注册和办理其他商标事宜,需要缴纳费用吗?

申请商标注册和办理其他商标事宜的,应当按照规定缴纳费用。

(三)关于著作权的问题

75. 哪些人的作品,可以享有著作权?

中国公民、法人或者其他组织的作品,依法享有著作权。

外国人、无国籍人的作品根据其作者所属国或者经常居住地国同中国签订的协议或者共同参加的国际条约享有著作权。

外国人、无国籍人的作品首先在中国境内出版的,依法享有著作权。

未与中国签订协议或者共同参加国际条约的国家的作者以及无国籍人的作品首次在中国参加的国际条约的成员国出版的,或者在成员国和非成员国同时出版的,受我国著作权法保护。

76. 未发表的作品,享有著作权吗?

中国公民、法人或者其他组织的作品,不论是否发表,均依法享有著作权。

77. 我国《著作权法》所指作品包括哪些?

我国《著作权法》所指作品,包括以下列形式创作的文学、艺术和自然科学、社会科学、工程技术等作品:

(1)文字作品;

(2)口述作品;

(3)音乐、戏剧、曲艺、舞蹈、杂技艺术作品;

(4)美术、建筑作品;

(5)摄影作品;

(6)电影作品和以类似摄制电影的方法创作的作品;

(7)工程设计图、产品设计图、地图、示意图等图形作品和模型作品;

(8)计算机软件;

(9)法律、行政法规规定的其他作品。

78. 哪些内容不适用《著作权法》?

以下内容不适用《著作权法》:

(1)法律、法规,国家机关的决议、决定、命令和其他具有立法、行政、司法性

质的文件,及其官方正式译文;

(2) 时事新闻;

(3) 历法、通用数表、通用表格和公式。

79. 哪个部门负责著作权管理工作?

国务院著作权行政管理部门(国家版权局)主管全国的著作权管理工作。各省、自治区、直辖市人民政府的著作权行政管理部门主管本行政区域的著作权管理工作。

80. 著作权人和与著作权有关的权利人可以授权著作权集体管理组织 行使著作权吗?

著作权人和与著作权有关的权利人可以授权著作权集体管理组织行使著作权或者与著作权有关的权利。

著作权集体管理组织被授权后,可以以自己的名义为著作权人和与著作权有关的权利人主张权利,并可以作为当事人进行涉及著作权或者与著作权有关的权利的诉讼、仲裁活动。

著作权集体管理组织是非营利性组织。

81. 著作权人包括哪些?

著作权人包括:

(1) 作者;

(2) 其他依法享有著作权的公民、法人或者其他组织。

82. 著作权包括哪些具体内容?

著作权包括下列人身权和财产权:

(1) 发表权,即决定作品是否公之于众的权利;

(2) 署名权,即表明作者身份,在作品上署名的权利;

(3) 修改权,即修改或者授权他人修改作品的权利;

(4) 保护作品完整权,即保护作品不受歪曲、篡改的权利;

(5) 复制权,即以印刷、复印、拓印、录音、录像、翻录、翻拍等方式将作品制作一份或者多份的权利;

(6) 发行权,即以出售或者赠与方式向公众提供作品的原件或者复制件的权利;

(7) 出租权,即有偿许可他人临时使用电影作品和以类似摄制电影的方法创作的作品、计算机软件的权利,计算机软件不是出租的主要标的的除外;

(8) 展览权,即公开陈列美术作品、摄影作品的原件或者复制件的权利;

（9）表演权，即公开表演作品，以及用各种手段公开播送作品的表演的权利；

（10）放映权，即通过放映机、幻灯机等技术设备公开再现美术、摄影、电影和以类似摄制电影的方法创作的作品等的权利；

（11）广播权，即以无线方式公开广播或者传播作品，以有线传播或者转播的方式向公众传播广播的作品，以及通过扩音器或者其他传送符号、声音、图像的类似工具向公众传播广播的作品的权利；

（12）信息网络传播权，即以有线或者无线方式向公众提供作品，使公众可以在其个人选定的时间和地点获得作品的权利；

（13）摄制权，即以摄制电影或者以类似摄制电影的方法将作品固定在载体上的权利；

（14）改编权，即改变作品，创作出具有独创性的新作品的权利；

（15）翻译权，即将作品从一种语言文字转换成另一种语言文字的权利；

（16）汇编权，即将作品或者作品的片段通过选择或者编排，汇集成新作品的权利；

（17）应当由著作权人享有的其他权利。

著作权人可以许可他人行使以上第（5）项至第（17）项权利，并依照约定或者法律有关规定获得报酬。

著作权人可以全部或者部分转让以上第（5）项至第（17）项权利，并依照约定或者法律有关规定获得报酬。

著作权属于公民的，公民死亡后，其以上第（5）项至第（17）项的权利在规定的保护期内，依照继承法的规定转移。

著作权属于法人或者其他组织的，法人或者其他组织变更、终止后，其以上第（5）项至第（17）项的权利在规定的保护期内，由承受其权利义务的法人或者其他组织享有；没有承受其权利义务的法人或者其他组织的，由国家享有。

83. 著作权归属如何确定？

除法律另有规定的外，著作权属于作者。

创作作品的公民是作者。

由法人或者其他组织主持，代表法人或者其他组织意志创作，并由法人或者其他组织承担责任的作品，法人或者其他组织视为作者。

如无相反证明，在作品上署名的公民、法人或者其他组织为作者。

改编、翻译、注释、整理已有作品而产生的作品，其著作权由改编、翻译、注释、整理人享有，但行使著作权时不得侵犯原作品的著作权。

两人以上合作创作的作品，著作权由合作作者共同享有。没有参加创作的人，不能成为合作作者。

合作作品可以分割使用的,作者对各自创作的部分可以单独享有著作权,但行使著作权时不得侵犯合作作品整体的著作权。

汇编若干作品、作品的片段或者不构成作品的数据或者其他材料,对其内容的选择或者编排体现独创性的作品,为汇编作品,其著作权由汇编人享有,但行使著作权时,不得侵犯原作品的著作权。

电影作品和以类似摄制电影的方法创作的作品的著作权由制片者享有,但编剧、导演、摄影、作词、作曲等作者享有署名权,并有权按照与制片者签订的合同获得报酬。

电影作品和以类似摄制电影的方法创作的作品中的剧本、音乐等可以单独使用的作品的作者有权单独行使其著作权。

84. 公民为完成法人或者其他组织工作任务所创作的作品,如何确定著作权归属?

有以下情形之一的职务作品,作者享有署名权,著作权的其他权利由法人或者其他组织享有,法人或者其他组织可以给予作者奖励:

(1)主要是利用法人或者其他组织的物质技术条件创作,并由法人或者其他组织承担责任的工程设计图、产品设计图、地图、计算机软件等职务作品;

(2)法律、行政法规规定或者合同约定著作权由法人或者其他组织享有的职务作品。

除以上规定以外,著作权由作者享有,但法人或者其他组织有权在其业务范围内优先使用。

作品完成两年内,未经单位同意,作者不得许可第三人以与单位使用的相同方式使用该作品。

公民为完成法人或者其他组织工作任务所创作的作品是职务作品。

85. 受委托创作的作品,著作权的归属如何确定?

受委托创作的作品,著作权的归属由委托人和受托人通过合同约定。合同未作明确约定或者没有订立合同的,著作权属于受托人。

86. 美术等作品原件所有权的转移,著作权同时转移吗?

美术等作品原件所有权的转移,不视为作品著作权的转移,但美术作品原件的展览权由原件所有人享有。

87. 著作权权利的保护期是如何规定的?

作者的署名权、修改权、保护作品完整权的保护期不受限制。

公民的作品,除署名权、修改权、保护作品完整权外的发表权等权利的保护期为作者终生及其死亡后 50 年,截止于作者死亡后第 50 年的 12 月 31 日;如果是合作作品,截止于最后死亡的作者死亡后第 50 年的 12 月 31 日。

法人或者其他组织的作品、著作权(署名权除外)由法人或者其他组织享有的职务作品,署名权、修改权、保护作品完整权外的发表权等权利的保护期为 50 年,截止于作品首次发表后第 50 年的 12 月 31 日,但作品自创作完成后 50 年内未发表的,《著作权法》不再保护。

电影作品和以类似摄制电影的方法创作的作品、摄影作品,其署名权、修改权、保护作品完整权外的发表权等权利的保护期为 50 年,截止于作品首次发表后第 50 年的 12 月 31 日,但作品自创作完成后 50 年内未发表的,《著作权法》不再保护。

88. 在什么情形下使用作品,可以不经著作权人许可,不向其支付报酬?

以下情形下使用作品,可以不经著作权人许可,不向其支付报酬,但应当指明作者姓名、作品名称,并且不得侵犯著作权人依法享有的其他权利:

(1) 为个人学习、研究或者欣赏,使用他人已经发表的作品;

(2) 为介绍、评论某一作品或者说明某一问题,在作品中适当引用他人已经发表的作品;

(3) 为报道时事新闻,在报纸、期刊、广播电台、电视台等媒体中不可避免地再现或者引用已经发表的作品;

(4) 报纸、期刊、广播电台、电视台等媒体刊登或者播放其他报纸、期刊、广播电台、电视台等媒体已经发表的关于政治、经济、宗教问题的时事性文章,但作者声明不许刊登、播放的除外;

(5) 报纸、期刊、广播电台、电视台等媒体刊登或者播放在公众集会上发表的讲话,但作者声明不许刊登、播放的除外;

(6) 为学校课堂教学或者科学研究,翻译或者少量复制已经发表的作品,供教学或者科研人员使用,但不得出版发行;

(7) 国家机关为执行公务在合理范围内使用已经发表的作品;

(8) 图书馆、档案馆、纪念馆、博物馆、美术馆等为陈列或者保存版本的需要,复制本馆收藏的作品;

(9) 免费表演已经发表的作品,该表演未向公众收取费用,也未向表演者支付报酬;

(10) 对设置或者陈列在室外公共场所的艺术作品进行临摹、绘画、摄影、录像;

(11) 将中国公民、法人或者其他组织已经发表的以汉语言文字创作的作品翻译成少数民族语言文字作品在国内出版发行;

(12) 将已经发表的作品改成盲文出版。

为实施九年制义务教育和国家教育规划而编写出版教科书,除作者事先声明不许使用的外,可以不经著作权人许可,在教科书中汇编已经发表的作品片段或者短小的文字作品、音乐作品或者单幅的美术作品、摄影作品,但应当按照规定支付报酬,指明作者姓名、作品名称,并且不得侵犯著作权人依照本法享有的其他权利。

以上规定适用于对出版者、表演者、录音录像制作者、广播电台、电视台的权利的限制。

89. 著作权人如何许可他人使用其权利?

除依法规定可以不经许可的外,使用他人作品应当同著作权人订立许可使用合同。

许可使用合同包括下列主要内容:

(1) 许可使用的权利种类;

(2) 许可使用的权利是专有使用权或者非专有使用权;

(3) 许可使用的地域范围、期间;

(4) 付酬标准和办法;

(5) 违约责任;

(6) 双方认为需要约定的其他内容。

90. 著作权人转让署名权、修改权、保护作品完整权、发表权以外的权利,如何操作?

著作权人转让署名权、修改权、保护作品完整权、发表权以外的权利,应当订立书面合同。

权利转让合同包括下列主要内容:

(1) 作品的名称;

(2) 转让的权利种类、地域范围;

(3) 转让价金;

(4) 交付转让价金的日期和方式;

(5) 违约责任;

(6) 双方认为需要约定的其他内容。

91. 以著作权出质的,如何办理出质登记?

以著作权出质的,由出质人和质权人向国务院著作权行政管理部门(版权局)办理出质登记。

92. 如何依法使用他人作品？

许可使用合同和转让合同中著作权人未明确许可、转让的权利，未经著作权人同意，另一方当事人不得行使。

使用作品的付酬标准可以由当事人约定，也可以按照国务院著作权行政管理部门会同有关部门制定的付酬标准支付报酬。当事人约定不明确的，按照国务院著作权行政管理部门会同有关部门制定的付酬标准支付报酬。

出版者、表演者、录音录像制作者、广播电台、电视台等依照法律有关规定使用他人作品的，不得侵犯作者的署名权、修改权、保护作品完整权和获得报酬的权利。

93. 图书、报刊的出版，有何具体规定？

图书出版者出版图书应当和著作权人订立出版合同，并支付报酬。

图书出版者对著作权人交付出版的作品，按照合同约定享有的专有出版权受法律保护，他人不得出版该作品。

著作权人应当按照合同约定期限交付作品。

图书出版者应当按照合同约定的出版质量、期限出版图书。

图书出版者不按照合同约定期限出版，应当依法承担民事责任。

图书出版者重印、再版作品的，应当通知著作权人，并支付报酬。

图书脱销后，图书出版者拒绝重印、再版的，著作权人有权终止合同。

著作权人向报社、期刊社投稿的，自稿件发出之日起 15 日内未收到报社通知决定刊登的，或者自稿件发出之日起 30 日内未收到期刊社通知决定刊登的，可以将同一作品向其他报社、期刊社投稿。双方另有约定的除外。

作品刊登后，除著作权人声明不得转载、摘编的外，其他报刊可以转载或者作为文摘、资料刊登，但应当按照规定向著作权人支付报酬。

图书出版者经作者许可，可以对作品修改、删节。

报社、期刊社可以对作品作文字性修改、删节。对内容的修改，应当经作者许可。

出版改编、翻译、注释、整理、汇编已有作品而产生的作品，应当取得改编、翻译、注释、整理、汇编作品的著作权人和原作品的著作权人许可，并支付报酬。

出版者有权许可或者禁止他人使用其出版的图书、期刊的版式设计。该权利的保护期为 10 年，截止于使用该版式设计的图书、期刊首次出版后第 10 年的 12 月 31 日。

94. 关于表演权，有何具体规定？

使用他人作品演出，表演者（演员、演出单位）应当取得著作权人许可，并支付报酬。

演出组织者组织演出,由该组织者取得著作权人许可,并支付报酬。

使用改编、翻译、注释、整理已有作品而产生的作品进行演出,应当取得改编、翻译、注释、整理作品的著作权人和原作品的著作权人许可,并支付报酬。

95. 表演者对其表演享有哪些权利?

表演者对其表演享有下列权利:

(1) 表明表演者身份;

(2) 保护表演形象不受歪曲;

(3) 许可他人从现场直播和公开传送其现场表演,并获得报酬;

(4) 许可他人录音录像,并获得报酬;

(5) 许可他人复制、发行录有其表演的录音录像制品,并获得报酬;

(6) 许可他人通过信息网络向公众传播其表演,并获得报酬。

被许可人以以上(3)项至第(6)项规定的方式使用作品,还应当取得著作权人许可,并支付报酬。

表演者表明表演者身份和保护表演形象不受歪曲的权利的保护期不受限制。

以上第(3)项至第(6)项规定的权利的保护期为 50 年,截止于该表演发生后第 50 年的 12 月 31 日。

96. 关于录音录像权,有何具体规定?

录音录像制作者使用他人作品制作录音录像制品,应当取得著作权人许可,并支付报酬。

录音录像制作者使用改编、翻译、注释、整理已有作品而产生的作品,应当取得改编、翻译、注释、整理作品的著作权人和原作品著作权人许可,并支付报酬。

录音制作者使用他人已经合法录制为录音制品的音乐作品制作录音制品,可以不经著作权人许可,但应当按照规定支付报酬;著作权人声明不许使用的不得使用。

录音录像制作者制作录音录像制品,应当同表演者订立合同,并支付报酬。

录音录像制作者对其制作的录音录像制品,享有许可他人复制、发行、出租、通过信息网络向公众传播并获得报酬的权利。权利的保护期为 50 年,截止于该制品首次制作完成后第 50 年的 12 月 31 日。

被许可人复制、发行、通过信息网络向公众传播录音录像制品,还应当取得著作权人、表演者许可,并支付报酬。

97. 关于广播电台、电视台播放权,有何具体规定?

广播电台、电视台播放他人未发表的作品,应当取得著作权人许可,并支付报酬。

广播电台、电视台播放他人已发表的作品,可以不经著作权人许可,但应当支付报酬。

广播电台、电视台播放已经出版的录音制品,可以不经著作权人许可,但应当支付报酬。当事人另有约定的除外。

广播电台、电视台有权禁止未经其许可的下列行为:

(1) 将其播放的广播、电视转播;

(2) 将其播放的广播、电视录制在音像载体上以及复制音像载体。

以上权利的保护期为 50 年,截止于该广播、电视首次播放后第 50 年的 12 月 31 日。

电视台播放他人的电影作品和以类似摄制电影的方法创作的作品、录像制品,应当取得制片者或者录像制作者许可,并支付报酬。播放他人的录像制品,还应当取得著作权人许可,并支付报酬。

98. 侵犯知识产权行为,需承担什么责任?

有以下侵权行为的,应当根据情况,承担停止侵害、消除影响、赔礼道歉、赔偿损失等民事责任:

(1) 未经著作权人许可,发表其作品的;

(2) 未经合作作者许可,将与他人合作创作的作品当作自己单独创作的作品发表的;

(3) 没有参加创作,为谋取个人名利,在他人作品上署名的;

(4) 歪曲、篡改他人作品的;

(5) 剽窃他人作品的;

(6) 未经著作权人许可,以展览、摄制电影和以类似摄制电影的方法使用作品,或者以改编、翻译、注释等方式使用作品的;

(7) 使用他人作品,应当支付报酬而未支付的;

(8) 未经电影作品和以类似摄制电影的方法创作的作品、计算机软件、录音录像制品的著作权人或者与著作权有关的权利人许可,出租其作品或者录音录像制品的;

(9) 未经出版者许可,使用其出版的图书、期刊的版式设计的;

(10) 未经表演者许可,从现场直播或者公开传送其现场表演,或者录制其表演的;

(11) 其他侵犯著作权以及与著作权有关的权益的行为。

有以下侵权行为的,应当根据情况,承担停止侵害、消除影响、赔礼道歉、赔偿损失等民事责任;同时损害公共利益的,可以由著作权行政管理部门责令停止侵权行为,没收违法所得,没收、销毁侵权复制品,并可处以罚款;情节严重的,著作权行政管理部门还可以没收主要用于制作侵权复制品的材料、工具、设备等;构成犯罪的,依法追究刑事责任:

(1) 未经著作权人许可,复制、发行、表演、放映、广播、汇编、通过信息网络向公众传播其作品的;

(2) 出版他人享有专有出版权的图书的;

(3) 未经表演者许可,复制、发行录有其表演的录音录像制品,或者通过信息网络向公众传播其表演的;

(4) 未经录音录像制作者许可,复制、发行、通过信息网络向公众传播其制作的录音录像制品的;

(5) 未经许可,播放或者复制广播、电视的;

(6) 未经著作权人或者与著作权有关的权利人许可,故意避开或者破坏权利人为其作品、录音录像制品等采取的保护著作权或者与著作权有关的权利的技术措施的;

(7) 未经著作权人或者与著作权有关的权利人许可,故意删除或者改变作品、录音录像制品等的权利管理电子信息的;

(8) 制作、出售假冒他人署名的作品的。

侵犯著作权或者与著作权有关的权利的,侵权人应当按照权利人的实际损失给予赔偿。实际损失难以计算的,可以按照侵权人的违法所得给予赔偿。赔偿数额还应当包括权利人为制止侵权行为所支付的合理开支。

权利人的实际损失或者侵权人的违法所得不能确定的,由人民法院根据侵权行为的情节,判决给予 50 万元以下的赔偿。

著作权人或者与著作权有关的权利人有证据证明他人正在实施或者即将实施侵犯其权利的行为,如不及时制止将会使其合法权益受到难以弥补的损害的,可以在起诉前向人民法院申请采取责令停止有关行为和财产保全的措施。

为制止侵权行为,在证据可能灭失或者以后难以取得的情况下,著作权人或者与著作权有关的权利人可以在起诉前向人民法院申请保全证据。

人民法院接受申请后,必须在 48 小时内作出裁定。裁定采取保全措施的,应当立即开始执行。

人民法院可以责令申请人提供担保,申请人不提供担保的,驳回申请。

申请人在人民法院采取保全措施后 15 日内不起诉的,人民法院应当解除保全措施。

人民法院审理案件,对于侵犯著作权或者与著作权有关的权利的,可以没收违法所得、侵权复制品以及进行违法活动的财物。

复制品的出版者、制作者不能证明其出版、制作有合法授权的,复制品的发行者或者电影作品或者以类似摄制电影的方法创作的作品、计算机软件、录音录像制品的复制品的出租者不能证明其发行、出租的复制品有合法来源的,应当承担法律责任。

著作权纠纷可以调解,也可以根据当事人达成的书面仲裁协议或者著作权合同中的仲裁条款,向仲裁机构申请仲裁。

当事人没有书面仲裁协议,也没有在著作权合同中订立仲裁条款的,可以直接向人民法院起诉。

当事人对行政处罚不服的,可以自收到行政处罚决定书之日起 3 个月内向人民法院起诉,期满不起诉又不履行的,著作权行政管理部门可以申请人民法院执行。

十三、问破产

(一)关于破产的基本问题

1. 企业法人不能清偿到期债务,资产不足以清偿全部债务或者明显缺乏清偿能力,或者有明显丧失清偿能力可能的,如何处理?

企业法人不能清偿到期债务,并且资产不足以清偿全部债务或者明显缺乏清偿能力,依照《破产法》规定清理债务。

企业法人不能清偿到期债务,并且资产不足以清偿全部债务或者明显缺乏清偿能力的,或者有明显丧失清偿能力可能的,可以依照《破产法》规定进行重整。

2. 破产案件如何确定管辖法院?

破产案件由债务人住所地人民法院管辖。

3. 依照我国《破产法》开始的破产程序,对债务人在中华人民共和国领域外的财产发生效力吗?

依照我国《破产法》开始的破产程序,对债务人在中华人民共和国领域外的财产发生效力。

对外国法院作出的发生法律效力的破产案件的判决、裁定,涉及债务人在中华人民共和国领域内的财产,申请或者请求人民法院承认和执行的,人民法院依照中华人民共和国缔结或者参加的国际条约,或者按照互惠原则进行审查,认为不违反中华人民共和国法律的基本原则,不损害国家主权、安全和社会公共利益,不损害中华人民共和国领域内债权人的合法权益的,裁定承认和执行。

(二)关于破产案件申请和受理的问题

4. 谁可以提出重整、和解或者破产清算申请?

债务人有法律规定的情形,可以向人民法院提出重整、和解或者破产清算申请。

债务人不能清偿到期债务,债权人可以向人民法院提出对债务人进行重整或者破产清算的申请。

企业法人已解散但未清算或者未清算完毕,资产不足以清偿债务的,依法负有清算责任的人应当向人民法院申请破产清算。

向人民法院提出破产申请,应当提交破产申请书和有关证据。

破产申请书应当载明下列事项:

(1) 申请人、被申请人的基本情况;

(2) 申请目的;

(3) 申请的事实和理由;

(4) 人民法院认为应当载明的其他事项。

债务人提出申请的,还应当向人民法院提交财产状况说明、债务清册、债权清册、有关财务会计报告、职工安置预案以及职工工资的支付和社会保险费用的缴纳情况。

人民法院受理破产申请前,申请人可以请求撤回申请。

5. 法院如何受理破产申请?

债权人提出破产申请的,人民法院应当自收到申请之日起 5 日内通知债务人。

债务人对申请有异议的,应当自收到人民法院的通知之日起 7 日内向人民法院提出。人民法院应当自异议期满之日起 10 日内裁定是否受理。

除债务人对申请有异议的情形外,人民法院应当自收到破产申请之日起 15 日内裁定是否受理。

有特殊情况需要延长前两款规定的裁定受理期限的,经上一级人民法院批准,可以延长 15 日。

人民法院受理破产申请的,应当自裁定作出之日起 5 日内送达申请人。

债权人提出申请的,人民法院应当自裁定作出之日起 5 日内送达债务人。债务人应当自裁定送达之日起 15 日内,向人民法院提交财产状况说明、债务清册、债权清册、有关财务会计报告以及职工工资的支付和社会保险费用的缴纳情况。

人民法院裁定不受理破产申请的,应当自裁定作出之日起 5 日内送达申请人并说明理由。申请人对裁定不服的,可以自裁定送达之日起 10 日内向上一级人民法院提起上诉。

人民法院受理破产申请后至破产宣告前,经审查发现债务人不符合《破产法》规定情形的,可以裁定驳回申请。申请人对裁定不服的,可以自裁定送达之日起 10 日内向上一级人民法院提起上诉。

人民法院裁定受理破产申请的,应当同时指定管理人。

人民法院应当自裁定受理破产申请之日起 25 日内通知已知债权人,并予以公告。

通知和公告应当载明下列事项：

(1) 申请人、被申请人的名称或者姓名；

(2) 人民法院受理破产申请的时间；

(3) 申报债权的期限、地点和注意事项；

(4) 管理人的名称或者姓名及其处理事务的地址；

(5) 债务人的债务人或者财产持有人应当向管理人清偿债务或者交付财产的要求；

(6) 第一次债权人会议召开的时间和地点；

(7) 人民法院认为应当通知和公告的其他事项。

6. 人民法院受理破产申请的裁定送达债务人之日起至破产程序终结之日，债务人的有关人员应承担什么义务？

自人民法院受理破产申请的裁定送达债务人之日起至破产程序终结之日，债务人的有关人员承担下列义务：

(1) 妥善保管其占有和管理的财产、印章和账簿、文书等资料；

(2) 根据人民法院、管理人的要求进行工作，并如实回答询问；

(3) 列席债权人会议并如实回答债权人的询问；

(4) 未经人民法院许可，不得离开住所地；

(5) 不得新任其他企业的董事、监事、高级管理人员。

有关人员，包括企业的法定代表人。经人民法院决定，可以包括企业的财务管理人员和其他经营管理人员。

7. 人民法院受理破产申请后，债务人可以对个别债权人清偿债务吗？

人民法院受理破产申请后，债务人对个别债权人的债务清偿无效。

8. 人民法院受理破产申请后，债务人的债务人或者财产持有人应当如何应对？

人民法院受理破产申请后，债务人的债务人或者财产持有人应当向管理人清偿债务或者交付财产。

债务人的债务人或者财产持有人故意违反规定向债务人清偿债务或者交付财产，使债权人受到损失的，不免除其清偿债务或者交付财产的义务。

9. 人民法院受理破产申请后，管理人对尚未履行完毕的合同应当如何应对？

人民法院受理破产申请后，管理人对破产申请受理前成立而债务人和对方当事人均未履行完毕的合同有权决定解除或者继续履行,并通知对方当事人。

管理人自破产申请受理之日起两个月内未通知对方当事人,或者自收到对方当事人催告之日起 30 日内未答复的,视为解除合同。

管理人决定继续履行合同的,对方当事人应当履行。但是,对方当事人有权要求管理人提供担保。管理人不提供担保的,视为解除合同。

10. 人民法院受理破产申请后,有关债务人财产的保全措施、执行程序如何处理?

人民法院受理破产申请后,有关债务人财产的保全措施应当解除,执行程序应当中止。

11. 人民法院受理破产申请后,已经开始而尚未终结的有关债务人的民事诉讼或者仲裁应当如何处理?

人民法院受理破产申请后,已经开始而尚未终结的有关债务人的民事诉讼或者仲裁应当中止,在管理人接管债务人的财产后,该诉讼或者仲裁继续进行。

12. 人民法院受理破产申请后,有关债务人的民事诉讼应向哪个法院起诉?

人民法院受理破产申请后,有关债务人的民事诉讼,只能向受理破产申请的人民法院提起。

(三) 关于管理人的问题

13. 管理人如何指定?

管理人由人民法院指定。

债权人会议认为管理人不能依法、公正执行职务或者有其他不能胜任职务情形的,可以申请人民法院予以更换。

管理人依照法律规定执行职务,向人民法院报告工作,并接受债权人会议和债权人委员会的监督。

管理人应当列席债权人会议,向债权人会议报告职务执行情况,并回答询问。

14. 哪些人可担任管理人?

管理人可以由有关部门、机构的人员组成的清算组或者依法设立的律师事务所、会计师事务所、破产清算事务所等社会中介机构担任。

人民法院根据债务人的实际情况,可以在征询有关社会中介机构的意见后,指定该机构具备相关专业知识并取得执业资格的人员担任管理人。

15. 哪些人不得担任管理人?

有下列情形之一的,不得担任管理人:

(1) 因故意犯罪受过刑事处罚;

(2) 曾被吊销相关专业执业证书;

(3) 与本案有利害关系;

(4) 人民法院认为不宜担任管理人的其他情形。

16. 管理人履行哪些职责?

管理人履行下列职责:

(1) 接管债务人的财产、印章和账簿、文书等资料;

(2) 调查债务人财产状况,制作财产状况报告;

(3) 决定债务人的内部管理事务;

(4) 决定债务人的日常开支和其他必要开支;

(5) 在第一次债权人会议召开之前,决定继续或者停止债务人的营业;

(6) 管理和处分债务人的财产;

(7) 代表债务人参加诉讼、仲裁或者其他法律程序;

(8) 提议召开债权人会议;

(9) 人民法院认为管理人应当履行的其他职责。

个人担任管理人的,应当参加执业责任保险。

管理人应当勤勉尽责,忠实执行职务。

管理人经人民法院许可,可以聘用必要的工作人员。

管理人的报酬由人民法院确定。债权人会议对管理人的报酬有异议的,有权向人民法院提出。

管理人没有正当理由不得辞去职务。管理人辞去职务应当经人民法院许可。

(四) 关于债务人财产的问题

17. 哪些财产为破产债务人财产?

破产申请受理时属于债务人的全部财产,以及破产申请受理后至破产程序终结前债务人取得的财产,为债务人财产。

除债务人所有的货币、实物外,债务人依法享有的可以用货币估价并可以依法转让的债权、股权、知识产权、用益物权等财产和财产权益,人民法院均应认定为债务人财产。

18. 哪些财产不应认定为债务人财产?

下列财产不应认定为债务人财产:

(1) 债务人基于仓储、保管、承揽、代销、借用、寄存、租赁等合同或者其他法律关系占有、使用的他人财产;

(2) 债务人在所有权保留买卖中尚未取得所有权的财产;

(3) 所有权专属于国家且不得转让的财产;

(4) 其他依照法律、行政法规不属于债务人的财产。

债务人已依法设定担保物权的特定财产,人民法院应当认定为债务人财产。

对债务人的特定财产在担保物权消灭或者实现担保物权后的剩余部分,在破产程序中可用以清偿破产费用、共益债务和其他破产债权。

债务人对按份享有所有权的共有财产的相关份额,或者共同享有所有权的共有财产的相应财产权利,以及依法分割共有财产所得部分,人民法院均应认定为债务人财产。

19. 涉及破产债务人财产的哪些行为,管理人有权请求人民法院予以撤销?

人民法院受理破产申请前一年内,涉及债务人财产的下列行为,管理人有权请求人民法院予以撤销:

(1) 无偿转让财产的;

(2) 以明显不合理的价格进行交易的;

(3) 对没有财产担保的债务提供财产担保的;

(4) 对未到期的债务提前清偿的;

(5) 放弃债权的。

20. 涉及破产债务人财产的哪些行为无效?

涉及债务人财产的下列行为无效:

(1) 为逃避债务而隐匿、转移财产的;

(2) 虚构债务或者承认不真实的债务的。

21. 人民法院受理破产申请后,债务人的出资人尚未完全履行出资义务的,如何处理?

人民法院受理破产申请后,债务人的出资人尚未完全履行出资义务的,管理人应当要求该出资人缴纳所认缴的出资,而不受出资期限的限制。

22. 破产债务人的董事、监事和高级管理人员利用职权从企业获取的非正常收入和侵占的企业财产,如何处理?

债务人的董事、监事和高级管理人员利用职权从企业获取的非正常收入和侵占的企业财产,管理人应当追回。

23. 人民法院受理破产申请后,管理人如何取回质物、留置物?

人民法院受理破产申请后,管理人可以通过清偿债务或者提供为债权人接受的担保,取回质物、留置物。

债务清偿或者替代担保,在质物或者留置物的价值低于被担保的债权额时,以该质物或者留置物当时的市场价值为限。

24. 人民法院受理破产申请后,债务人占有的不属于债务人的财产,如何处理?

人民法院受理破产申请后,债务人占有的不属于债务人的财产,该财产的权利人可以通过管理人取回。法律另有规定的除外。

25. 人民法院受理破产申请时,出卖人已将买卖标的物向作为买受人的债务人发运的,如何处理?

人民法院受理破产申请时,出卖人已将买卖标的物向作为买受人的债务人发运,债务人尚未收到且未付清全部价款的,出卖人可以取回在运途中的标的物。但是,管理人可以支付全部价款,请求出卖人交付标的物。

26. 债权人在破产申请受理前对债务人负有债务的,可以向管理人主张抵消吗?

债权人在破产申请受理前对债务人负有债务的,可以向管理人主张抵消。但是,有下列情形之一的,不得抵消:

(1)债务人的债务人在破产申请受理后取得他人对债务人的债权的;

(2)债权人已知债务人有不能清偿到期债务或者破产申请的事实,对债务人负担债务的。但是,债权人因为法律规定或者有破产申请一年前所发生的原因而负担债务的除外;

(3)债务人的债务人已知债务人有不能清偿到期债务或者破产申请的事实,对债务人取得债权的。但是,债务人的债务人因为法律规定或者有破产申请一年前所发生的原因而取得债权的除外。

（五）关于破产费用和共益债务的问题

27. 哪些费用为破产费用？

人民法院受理破产申请后发生的下列费用,为破产费用:

(1) 破产案件的诉讼费用;

(2) 管理、变价和分配债务人财产的费用;

(3) 管理人执行职务的费用、报酬和聘用工作人员的费用。

28. 哪些债务为共益债务？

人民法院受理破产申请后发生的下列债务,为共益债务:

(1) 因管理人或者债务人请求对方当事人履行双方均未履行完毕的合同所产生的债务;

(2) 债务人财产受无因管理所产生的债务;

(3) 因债务人不当得利所产生的债务;

(4) 为债务人继续营业而应支付的劳动报酬和社会保险费用以及由此产生的其他债务;

(5) 管理人或者相关人员执行职务致人损害所产生的债务;

(6) 债务人财产致人损害所产生的债务。

29. 破产费用和共益债务如何清偿？

破产费用和共益债务由债务人财产随时清偿。

债务人财产不足以清偿所有破产费用和共益债务的,先行清偿破产费用。

债务人财产不足以清偿所有破产费用或者共益债务的,按照比例清偿。

债务人财产不足以清偿破产费用的,管理人应当提请人民法院终结破产程序。

人民法院应当自收到请求之日起 15 日内裁定终结破产程序,并予以公告。

（六）关于债权申报的问题

30. 债权人如何申报债权？

人民法院受理破产申请后,应当确定债权人申报债权的期限。债权申报期限自人民法院发布受理破产申请公告之日起计算,最短不得少于 30 日,最长不得超过 3 个月。

未到期的债权,在破产申请受理时视为到期。

附利息的债权自破产申请受理时起停止计息。

附条件、附期限的债权和诉讼、仲裁未决的债权,债权人可以申报。

债权人应当在人民法院确定的债权申报期限内向管理人申报债权。

债务人所欠职工的工资和医疗、伤残补助、抚恤费用,所欠的应当划入职工个人账户的基本养老保险、基本医疗保险费用,以及法律、行政法规规定应当支付给职工的补偿金,不必申报,由管理人调查后列出清单并予以公示。职工对清单记载有异议的,可以要求管理人更正。管理人不予更正的,职工可以向人民法院提起诉讼。

债权人申报债权时,应当书面说明债权的数额和有无财产担保,并提交有关证据。申报的债权是连带债权的,应当说明。

连带债权人可以由其中一人代表全体连带债权人申报债权,也可以共同申报债权。

债务人的保证人或者其他连带债务人已经代替债务人清偿债务的,以其对债务人的求偿权申报债权。

债务人的保证人或者其他连带债务人尚未代替债务人清偿债务的,以其对债务人的将来求偿权申报债权。但是,债权人已经向管理人申报全部债权的除外。

连带债务人数人被裁定适用《破产法》规定的程序的,其债权人有权就全部债权分别在各破产案件中申报债权。

管理人或者债务人依照《破产法》规定解除合同的,对方当事人以因合同解除所产生的损害赔偿请求权申报债权。

债务人是委托合同的委托人,被裁定适用《破产法》规定的程序,受托人不知该事实,继续处理委托事务的,受托人以由此产生的请求权申报债权。

债务人是票据的出票人,被裁定适用《破产法》规定的程序,该票据的付款人继续付款或者承兑的,付款人以由此产生的请求权申报债权。

在人民法院确定的债权申报期限内,债权人未申报债权的,可以在破产财产最后分配前补充申报。但是,此前已进行的分配,不再对其补充分配。为审查和确认补充申报债权的费用,由补充申报人承担。

债权人未依照《破产法》规定申报债权的,不得依照《破产法》规定的程序行使权利。

管理人收到债权申报材料后,应当登记造册,对申报的债权进行审查,并编制债权表。

债权表和债权申报材料由管理人保存,供利害关系人查阅。

依法编制的债权表,应当提交第一次债权人会议核查。

债务人、债权人对债权表记载的债权无异议的,由人民法院裁定确认。

债务人、债权人对债权表记载的债权有异议的,可以向受理破产申请的人民法院提起诉讼。

（七）关于债权人会议的问题

31. 哪些人为债权人会议的成员？

依法申报债权的债权人为债权人会议的成员,有权参加债权人会议,享有表决权。

债权尚未确定的债权人,除人民法院能够为其行使表决权而临时确定债权额的外,不得行使表决权。

债权人可以委托代理人出席债权人会议,行使表决权。

代理人出席债权人会议,应当向人民法院或者债权人会议主席提交债权人的授权委托书。

债权人会议应当有债务人的职工和工会的代表参加,对有关事项发表意见。

债权人会议设主席一人,由人民法院从有表决权的债权人中指定。

债权人会议主席主持债权人会议。

32. 债权人会议行使哪些职权？

债权人会议行使下列职权：

（1）核查债权；

（2）申请人民法院更换管理人,审查管理人的费用和报酬；

（3）监督管理人；

（4）选任和更换债权人委员会成员；

（5）决定继续或者停止债务人的营业；

（6）通过重整计划；

（7）通过和解协议；

（8）通过债务人财产的管理方案；

（9）通过破产财产的变价方案；

（10）通过破产财产的分配方案；

（11）人民法院认为应当由债权人会议行使的其他职权。

债权人会议应当对所议事项的决议作成会议记录。

33. 债权人会议如何召开？

第一次债权人会议由人民法院召集,自债权申报期限届满之日起 15 日内召开。

以后的债权人会议,在人民法院认为必要时,或者管理人、债权人委员会、占债权总额 1/4 以上的债权人向债权人会议主席提议时召开。

召开债权人会议,管理人应当提前 15 日通知已知的债权人。

34. 债权人会议如何做出决议?

债权人会议的决议,由出席会议的有表决权的债权人过半数通过,并且其所代表的债权额占无财产担保债权总额的 1/2 以上。

债权人认为债权人会议的决议违反法律规定,损害其利益的,可以自债权人会议作出决议之日起 15 日内,请求人民法院裁定撤销该决议,责令债权人会议依法重新作出决议。

债权人会议的决议,对于全体债权人均有约束力。

35. 债权人对人民法院依法作出的裁定不服的,如何处理?

债权人对人民法院依法作出的裁定不服的,可以自裁定宣布之日或者收到通知之日起 15 日内向该人民法院申请复议。复议期间不停止裁定的执行。

36. 如何设立债权人委员会?

债权人会议可以决定设立债权人委员会。债权人委员会由债权人会议选任的债权人代表和一名债务人的职工代表或者工会代表组成。债权人委员会成员不得超过 9 人。

债权人委员会成员应当经人民法院书面决定认可。

37. 债权人委员会行使哪些职权?

债权人委员会行使下列职权:

(1)监督债务人财产的管理和处分;

(2)监督破产财产分配;

(3)提议召开债权人会议;

(4)债权人会议委托的其他职权。

债权人委员会执行职务时,有权要求管理人、债务人的有关人员对其职权范围内的事务作出说明或者提供有关文件。

管理人、债务人的有关人员违反法律规定拒绝接受监督的,债权人委员会有权就监督事项请求人民法院作出决定。人民法院应当在 5 日内作出决定。

38. 管理人实施哪些行为,应当及时报告债权人委员会?

管理人实施下列行为,应当及时报告债权人委员会:

(1)涉及土地、房屋等不动产权益的转让;

(2)探矿权、采矿权、知识产权等财产权的转让;

(3) 全部库存或者营业的转让;

(4) 借款;

(5) 设定财产担保;

(6) 债权和有价证券的转让;

(7) 履行债务人和对方当事人均未履行完毕的合同;

(8) 放弃权利;

(9) 担保物的取回;

(10) 对债权人利益有重大影响的其他财产处分行为。

未设立债权人委员会的,管理人实施前款规定的行为应当及时报告人民法院。

(八) 关于重整的问题

39. 债务人或者债权人可以依法直接向人民法院申请对债务人进行重整吗?

债务人或者债权人可以依法直接向人民法院申请对债务人进行重整。

债权人申请对债务人进行破产清算的,在人民法院受理破产申请后、宣告债务人破产前,债务人或者出资额占债务人注册资本 1/10 以上的出资人,可以向人民法院申请重整。

人民法院经审查认为重整申请符合法律规定的,应当裁定债务人重整,并予以公告。

自人民法院裁定债务人重整之日起至重整程序终止,为重整期间。

40. 在重整期间,债务人可以自行管理财产和营业事务吗?

在重整期间,经债务人申请,人民法院批准,债务人可以在管理人的监督下自行管理财产和营业事务。

已接管债务人财产和营业事务的管理人应当向债务人移交财产和营业事务,法律规定的管理人的职权由债务人行使。

管理人负责管理财产和营业事务的,可以聘任债务人的经营管理人员负责营业事务。

41. 在重整期间,对债务人的特定财产享有的担保权如何行使?

在重整期间,对债务人的特定财产享有的担保权暂停行使。但是,担保物有损坏或者价值明显减少的可能,足以危害担保权人权利的,担保权人可以向人民法院请求恢复行使担保权。

在重整期间,债务人或者管理人为继续营业而借款的,可以为该借款设定担保。

42. 债务人合法占有的他人财产,该财产的权利人在重整期间要求取回的,如何处理?

债务人合法占有的他人财产,该财产的权利人在重整期间要求取回的,应当符合事先约定的条件。

43. 在重整期间,债务人的出资人可以请求投资收益分配吗?

在重整期间,债务人的出资人不得请求投资收益分配。

44. 在重整期间,债务人的董事、监事、高级管理人员可以向第三人转让其持有的债务人的股权吗?

在重整期间,债务人的董事、监事、高级管理人员不得向第三人转让其持有的债务人的股权。但是,经人民法院同意的除外。

45. 在重整期间,出现什么情形,人民法院应当裁定终止重整程序,宣告债务人破产?

在重整期间,有下列情形之一的,经管理人或者利害关系人请求,人民法院应当裁定终止重整程序,并宣告债务人破产:

(1) 债务人的经营状况和财产状况继续恶化,缺乏挽救的可能性;

(2) 债务人有欺诈、恶意减少债务人财产或者其他显著不利于债权人的行为;

(3) 由于债务人的行为致使管理人无法执行职务。

46. 如何制定重整计划?

债务人或者管理人应当自人民法院裁定债务人重整之日起 6 个月内,同时向人民法院和债权人会议提交重整计划草案。期限届满,经债务人或者管理人请求,有正当理由的,人民法院可以裁定延期 3 个月。

债务人或者管理人未按期提出重整计划草案的,人民法院应当裁定终止重整程序,并宣告债务人破产。

债务人自行管理财产和营业事务的,由债务人制作重整计划草案。

管理人负责管理财产和营业事务的,由管理人制作重整计划草案。

重整计划草案应当包括下列内容:

(1) 债务人的经营方案;

(2) 债权分类;

（3）债权调整方案；

（4）债权受偿方案；

（5）重整计划的执行期限；

（6）重整计划执行的监督期限；

（7）有利于债务人重整的其他方案。

下列各类债权的债权人参加讨论重整计划草案的债权人会议，依照下列债权分类，分组对重整计划草案进行表决：

（1）对债务人的特定财产享有担保权的债权；

（2）债务人所欠职工的工资和医疗、伤残补助、抚恤费用，所欠的应当划入职工个人账户的基本养老保险、基本医疗保险费用，以及法律、行政法规规定应当支付给职工的补偿金；

（3）债务人所欠税款；

（4）普通债权。

人民法院在必要时可以决定在普通债权组中设小额债权组对重整计划草案进行表决。

重整计划不得规定减免债务人欠缴的社会保险费用。该项费用的债权人不参加重整计划草案的表决。

人民法院应当自收到重整计划草案之日起 30 日内召开债权人会议，对重整计划草案进行表决。

出席会议的同一表决组的债权人过半数同意重整计划草案，并且其所代表的债权额占该组债权总额的 2/3 以上的，即为该组通过重整计划草案。

债务人或者管理人应当向债权人会议就重整计划草案作出说明，并回答询问。

债务人的出资人代表可以列席讨论重整计划草案的债权人会议。

重整计划草案涉及出资人权益调整事项的，应当设出资人组，对该事项进行表决。

各表决组均通过重整计划草案时，重整计划即为通过。

自重整计划通过之日起 10 日内，债务人或者管理人应当向人民法院提出批准重整计划的申请。人民法院经审查认为符合法律规定的，应当自收到申请之日起 30 日内裁定批准，终止重整程序，并予以公告。

部分表决组未通过重整计划草案的，债务人或者管理人可以同未通过重整计划草案的表决组协商。该表决组可以在协商后再表决一次。双方协商的结果不得损害其他表决组的利益。

未通过重整计划草案的表决组拒绝再次表决或者再次表决仍未通过重整计划草案，但重整计划草案符合下列条件的，债务人或者管理人可以申请人民法院批准重整计划草案：

（1）按照重整计划草案,对债务人的特定财产享有担保权的债权就该特定财产将获得全额清偿,其因延期清偿所受的损失将得到公平补偿,并且其担保权未受到实质性损害,或者该表决组已经通过重整计划草案;

（2）按照重整计划草案,债务人所欠职工的工资和医疗、伤残补助、抚恤费用,所欠的应当划入职工个人账户的基本养老保险、基本医疗保险费用,法律、行政法规规定应当支付给职工的补偿金,以及债务人所欠税款,将获得全额清偿,或者相应表决组已经通过重整计划草案;

（3）按照重整计划草案,普通债权所获得的清偿比例,不低于其在重整计划草案被提请批准时依照破产清算程序所能获得的清偿比例,或者该表决组已经通过重整计划草案;

（4）重整计划草案对出资人权益的调整公平、公正,或者出资人组已经通过重整计划草案;

（5）重整计划草案公平对待同一表决组的成员,并且所规定的债权清偿顺序不违反《破产法》的规定;

（6）债务人的经营方案具有可行性。

人民法院经审查认为重整计划草案符合以上规定的,应当自收到申请之日起 30 日内裁定批准,终止重整程序,并予以公告。

重整计划草案未获得通过且未依照《破产法》第 87 条的规定获得批准,或者已通过的重整计划未获得批准的,人民法院应当裁定终止重整程序,并宣告债务人破产。

47. 重整计划如何执行?

重整计划由债务人负责执行。

人民法院裁定批准重整计划后,已接管财产和营业事务的管理人应当向债务人移交财产和营业事务。

自人民法院裁定批准重整计划之日起,在重整计划规定的监督期内,由管理人监督重整计划的执行。

在监督期内,债务人应当向管理人报告重整计划执行情况和债务人财务状况。

监督期届满时,管理人应当向人民法院提交监督报告。自监督报告提交之日起,管理人的监督职责终止。

管理人向人民法院提交的监督报告,重整计划的利害关系人有权查阅。

经管理人申请,人民法院可以裁定延长重整计划执行的监督期限。

经人民法院裁定批准的重整计划,对债务人和全体债权人均有约束力。

债权人未依法规定申报债权的,在重整计划执行期间不得行使权利;在重整计划执行完毕后,可以按照重整计划规定的同类债权的清偿条件行使权利。

债权人对债务人的保证人和其他连带债务人所享有的权利,不受重整计划的影响。

债务人不能执行或者不执行重整计划的,人民法院经管理人或者利害关系人请求,应当裁定终止重整计划的执行,并宣告债务人破产。

人民法院裁定终止重整计划执行的,债权人在重整计划中作出的债权调整的承诺失去效力。债权人因执行重整计划所受的清偿仍然有效,债权未受清偿的部分作为破产债权。

因执行重整计划已受清偿的债权人,只有在其他同顺位债权人同自己所受的清偿达到同一比例时,才能继续接受分配。

出现债务人不能执行或者不执行重整计划,人民法院经管理人或者利害关系人请求,应当裁定终止重整计划的执行,并宣告债务人破产情形的,为重整计划的执行提供的担保继续有效。

按照重整计划减免的债务,自重整计划执行完毕时起,债务人不再承担清偿责任。

48. 如何和解?

债务人可以依法直接向人民法院申请和解;也可以在人民法院受理破产申请后、宣告债务人破产前,向人民法院申请和解。

债务人申请和解,应当提出和解协议草案。

人民法院经审查认为和解申请符合法律规定的,应当裁定和解,予以公告,并召集债权人会议讨论和解协议草案。

对债务人的特定财产享有担保权的权利人,自人民法院裁定和解之日起可以行使权利。

债权人会议通过和解协议的决议,由出席会议的有表决权的债权人过半数同意,并且其所代表的债权额占无财产担保债权总额的 2/3 以上。

债权人会议通过和解协议的,由人民法院裁定认可,终止和解程序,并予以公告。管理人应当向债务人移交财产和营业事务,并向人民法院提交执行职务的报告。

和解协议草案经债权人会议表决未获得通过,或者已经债权人会议通过的和解协议未获得人民法院认可的,人民法院应当裁定终止和解程序,并宣告债务人破产。

经人民法院裁定认可的和解协议,对债务人和全体和解债权人均有约束力。

和解债权人是指人民法院受理破产申请时对债务人享有无财产担保债权的人。

和解债权人未依法申报债权的,在和解协议执行期间不得行使权利;在和解协议执行完毕后,可以按照和解协议规定的清偿条件行使权利。

和解债权人对债务人的保证人和其他连带债务人所享有的权利,不受和解协议的影响。

债务人应当按照和解协议规定的条件清偿债务。

因债务人的欺诈或者其他违法行为而成立的和解协议,人民法院应当裁定无效,并宣告债务人破产。

因债务人的欺诈或者其他违法行为而成立的和解协议,人民法院裁定无效,并宣告债务人破产的,和解债权人因执行和解协议所受的清偿,在其他债权人所受清偿同等比例的范围内,不予返还。

债务人不能执行或者不执行和解协议的,人民法院经和解债权人请求,应当裁定终止和解协议的执行,并宣告债务人破产。

人民法院裁定终止和解协议执行的,和解债权人在和解协议中作出的债权调整的承诺失去效力。和解债权人因执行和解协议所受的清偿仍然有效,和解债权未受清偿的部分作为破产债权。在此情形下,和解债权人只有在其他债权人同自己所受的清偿达到同一比例时,才能继续接受分配。

出现债务人不能执行或者不执行和解协议的,人民法院经和解债权人请求,裁定终止和解协议的执行,并宣告债务人破产情形的,为和解协议的执行提供的担保继续有效。

人民法院受理破产申请后,债务人与全体债权人就债权债务的处理自行达成协议的,可以请求人民法院裁定认可,并终结破产程序。

按照和解协议减免的债务,自和解协议执行完毕时起,债务人不再承担清偿责任。

（九）关于破产清算的问题

49. 破产如何宣告?

人民法院依法宣告债务人破产的,应当自裁定作出之日起 5 日内送达债务人和管理人,自裁定作出之日起 10 日内通知已知债权人,并予以公告。

债务人被宣告破产后,债务人称为破产人,债务人财产称为破产财产,人民法院受理破产申请时对债务人享有的债权称为破产债权。

50. 出现什么情形,人民法院应当裁定终结破产程序并予以公告?

破产宣告前,有下列情形之一的,人民法院应当裁定终结破产程序,并予以公告:

（1）第三人为债务人提供足额担保或者为债务人清偿全部到期债务的;

（2）债务人已清偿全部到期债务的。

51. 破产程序中，什么人享有优先受偿的权利？

对破产人的特定财产享有担保权的权利人，对该特定财产享有优先受偿的权利。

依法享有优先受偿权利的债权人行使优先受偿权利未能完全受偿的，其未受偿的债权作为普通债权，放弃优先受偿权利的，其债权作为普通债权。

52. 破产财产如何变价？

管理人应当及时拟订破产财产变价方案，提交债权人会议讨论。

管理人应当按照债权人会议通过的或者人民法院依法裁定的破产财产变价方案，适时变价出售破产财产。

变价出售破产财产应当通过拍卖进行。但是，债权人会议另有决议的除外。

破产企业可以全部或者部分变价出售。企业变价出售时，可以将其中的无形资产和其他财产单独变价出售。

按照国家规定不能拍卖或者限制转让的财产，应当按照国家规定的方式处理。

53. 破产财产如何分配？

破产财产在优先清偿破产费用和共益债务后，依照下列顺序清偿：

（1）破产人所欠职工的工资和医疗、伤残补助、抚恤费用，所欠的应当划入职工个人账户的基本养老保险、基本医疗保险费用，以及法律、行政法规规定应当支付给职工的补偿金；

（2）破产人欠缴的除前项规定以外的社会保险费用和破产人所欠税款；

（3）普通破产债权。

破产财产不足以清偿同一顺序的清偿要求的，按照比例分配。

破产企业的董事、监事和高级管理人员的工资按照该企业职工的平均工资计算。

破产财产的分配应当以货币分配方式进行。但是，债权人会议另有决议的除外。

管理人应当及时拟订破产财产分配方案，提交债权人会议讨论。

破产财产分配方案应当载明下列事项：

（1）参加破产财产分配的债权人名称或者姓名、住所；

（2）参加破产财产分配的债权额；

（3）可供分配的破产财产数额；

（4）破产财产分配的顺序、比例及数额；

（5）实施破产财产分配的方法。

债权人会议通过破产财产分配方案后,由管理人将该方案提请人民法院裁定认可。

破产财产分配方案经人民法院裁定认可后,由管理人执行。

管理人按照破产财产分配方案实施多次分配的,应当公告本次分配的财产额和债权额。管理人实施最后分配的,应当在公告中指明,并载明法定的事项。

对于附生效条件或者解除条件的债权,管理人应当将其分配额提存。

管理人依规定提存的分配额,在最后分配公告日,生效条件未成就或者解除条件成就的,应当分配给其他债权人;在最后分配公告日,生效条件成就或者解除条件未成就的,应当交付给债权人。

债权人未受领的破产财产分配额,管理人应当提存。债权人自最后分配公告之日起满两个月仍不领取的,视为放弃受领分配的权利,管理人或者人民法院应当将提存的分配额分配给其他债权人。

破产财产分配时,对于诉讼或者仲裁未决的债权,管理人应当将其分配额提存。自破产程序终结之日起满两年仍不能受领分配的,人民法院应当将提存的分配额分配给其他债权人。

54. 破产程序如何终结?

破产人无财产可供分配的,管理人应当请求人民法院裁定终结破产程序。

管理人在最后分配完结后,应当及时向人民法院提交破产财产分配报告,并提请人民法院裁定终结破产程序。

人民法院应当自收到管理人终结破产程序的请求之日起 15 日内作出是否终结破产程序的裁定。裁定终结的,应当予以公告。

管理人应当自破产程序终结之日起 10 日内,持人民法院终结破产程序的裁定,向破产人的原登记机关办理注销登记。

管理人于办理注销登记完毕的次日终止执行职务。但是,存在诉讼或者仲裁未决情况的除外。

55. 什么情形下,债权人可以请求人民法院按照破产财产分配方案进行追加分配?

自破产程序依法终结之日起两年内,有下列情形之一的,债权人可以请求人民法院按照破产财产分配方案进行追加分配:

(1) 发现有依法应当追回的财产的;

(2) 发现破产人有应当供分配的其他财产的。

出现以上规定情形,但财产数量不足以支付分配费用的,不再进行追加分配,由人民法院将其上交国库。

56. 破产人的保证人和其他连带债务人，在破产程序终结后，还需要承担什么责任吗?

破产人的保证人和其他连带债务人，在破产程序终结后，对债权人依照破产清算程序未受清偿的债权，依法继续承担清偿责任。

57. 破产企业董事、监事或者高级管理人员、债务人、管理人、有关人员等需要承担的法律责任还有哪些?

企业董事、监事或者高级管理人员违反忠实义务、勤勉义务，致使所在企业破产的，依法承担民事责任。有此情形的人员，自破产程序终结之日起 3 年内不得担任任何企业的董事、监事、高级管理人员。

有义务列席债权人会议的债务人的有关人员，经人民法院传唤，无正当理由拒不列席债权人会议的，人民法院可以拘传，并依法处以罚款。债务人的有关人员违反法律规定，拒不陈述、回答，或者作虚假陈述、回答的，人民法院可以依法处以罚款。

债务人违反法律规定，拒不向人民法院提交或者提交不真实的财产状况说明、债务清册、债权清册、有关财务会计报告以及职工工资的支付情况和社会保险费用的缴纳情况的，人民法院可以对直接责任人员依法处以罚款。

债务人违反法律规定，拒不向管理人移交财产、印章和账簿、文书等资料的，或者伪造、销毁有关财产证据材料而使财产状况不明的，人民法院可以对直接责任人员依法处以罚款。

债务人有违反法律规定的行为，损害债权人利益的，债务人的法定代表人和其他直接责任人员依法承担赔偿责任。

债务人的有关人员违反法律规定，擅自离开住所地的，人民法院可以予以训诫、拘留，可以依法并处罚款。

管理人未依法勤勉尽责，忠实执行职务的，人民法院可以依法处以罚款，给债权人、债务人或者第三人造成损失的，依法承担赔偿责任。违反法律规定，构成犯罪的，依法追究刑事责任。

参考文献

[1]《中华人民共和国公司法》,法律出版社,2015 年 1 月

[2]《中华人民共和国合伙企业法》,法律出版社,2006 年 8 月

[3]《中华人民共和国中外合资经营企业法》,法律出版社,2016 年 9 月

[4]《中华人民共和国中外合作经营企业法》,法律出版社,2016 年 9 月

[5]《中华人民共和国外资企业法》,法律出版社,2016 年 9 月

[6]《中华人民共和国合同法》,法律出版社,2015 年 1 月

[7]《中华人民共和国担保法》,法律出版社,1995 年 7 月

[8]《中华人民共和国票据法》,法律出版社,2004 年 7 月

[9]《中华人民共和国劳动合同法》,法律出版社,2013 年 1 月

[10]《中华人民共和国劳动法、中华人民共和国劳动合同法》,法律出版社,2014 年 3 月

[11]《中华人民共和国商标法》,法律出版社,2015 年 1 月

[12]《中华人民共和国专利法》,法律出版社,2009 年 1 月

[13]《中华人民共和国著作权法》,法律出版社,2013 年 1 月

[14]《中华人民共和国企业破产法》,法律出版社,2007 年 5 月

[15] 中华人民共和国中央人民政府网,www.gov.cn

[16] 中华人民共和国司法部网,www.moj.gov.cn

[17] 全国人民代表大会网,www.npc.gov.cn

[18] 中国上海网,www.shanghai.gov.cn

后 记

　　从本书的策划，到形成初步的创作思路，再到完成书稿，历时近十个月，从夏季开始，经历冬季，再到新春，终完成书稿，即感成就，释放压力，又顿生疑虑，生怕有误。

　　完成本书的时刻，正值农历鸡年的春季。一年之计在于春，在这个美好的年份美好的季节，踏着春的旋律，万物萌生，注定我们一定会在未来有好的收获，希望本书成为创业者创业路上的得力助手。

　　本书的创作是自己系统地问自己法律问题，又严谨地回答问题的过程，思考一个个问题，思量一个个答案，伴随着思考累，也伴随着思考乐。

　　本书的创作，得到了诸多友人的倾心帮助，尤其是我的同事——周鹤律师，更是花费大量时间收集资料并参与了部分章节内容初稿的创作，在此一并致以诚挚的谢意。

魏建平

2017 年 6 月于上海